W0418619

STEUERN, ABER LUSTIG!
VERLAG

STEUERN, ABER LUSTIG!

STEUERTIPPS FÜR EXISTENZGRÜNDER UND JUNGUNTERNEHMER

Impressum

Bibliografische Information der Deutschen Nationalbibliothek:
Die Deutsche Nationalbibliothek verzeichnet diese Publikation
in der Deutschen Nationalbibliografie; detaillierte bibliografische
Daten sind im Internet über http://dnb.d-nb.de abrufbar.

© 2019 Steuern aber lustig Verlag GmbH & Co. KG,
Römerstraße 50, 64401 Groß-Bieberau,
www.steuern-aber-lustig.de
5. Auflage

Andreas Görlich: Steuern, aber lustig.
Steuertipps für Existenzgründer und Jungunternehmer
Umschlaggestaltung, Illustration und Satz: Tony Wolf
Lektorat, Korrektorat: Dr. Lena Lindhoff, Michael Zuch

Printed in Germany
ISBN: 978-3-944043-00-5
ISBN-A: 10.978.3944043/005

Die Angaben entsprechen dem Wissensstand bei Redaktionsschluss im Oktober 2019. Es wird darauf hingewiesen, dass alle Angaben in diesem Fachbuch trotz sorgfältiger Bearbeitung ohne Gewähr erfolgen und eine Haftung des Autors oder des Verlags ausgeschlossen ist.

Das Werk, einschließlich seiner Teile, ist urheberrechtlich geschützt. Jede Verwertung ohne Zustimmung des Verlags und des Autors ist unzulässig. Dies gilt insbesondere für die elektronische oder sonstige Vervielfältigung, Übersetzung, Verbreitung und öffentliche Zugänglichmachung.

Inhalt

Vorwort

Für viele Existenzgründer und Jungunternehmer sind Steuern eine Geheimwissenschaft, eine fremde und unverständliche Welt, und langweilig noch dazu. Selbst Albert Einstein, der mit seiner Relativitätstheorie das Verständnis von Raum und Zeit revolutionierte, kapitulierte vor dieser Materie und brachte seine Verzweiflung auf den berühmten Punkt: „Nichts auf der Welt ist so schwer zu verstehen wie die Einkommensteuer."

Auch wenn Sie den ganzen Steuerkram mehr als lästig finden, die Vogel-Strauß-Technik – Kopf in den Sand stecken und abwarten – ist keine Lösung. Denn es ist eine Art von Naturgesetz: Nichts ist so sicher wie der Tod und die Steuern. Früher oder später müssen Sie sich mit der Geheimlehre beschäftigen. Lieber früher, denn nicht korrigierbare Fehler und verschenkte Steuervorteile kosten bares Geld. Steuern sind in jedem Fall eine lohnenswerte Materie, gewiss kompliziert und manchmal schwer verständlich, aber nicht langweilig.

Dieser Ratgeber ist der ambitionierte Versuch, Ihnen die komplexe Welt der Steuerparagrafen und Buchungssätze leicht verständlich, gut verträglich und mit einer Prise Humor näherzubringen – ohne dabei an fachlicher Tiefe zu verlieren. Mein Anspruch beim Schreiben war, einen Helfer aus der Praxis für die Praxis zu schaffen, nach dessen Lektüre Sie wissen, worauf es ankommt – damit Sie nicht mehr Steuern zahlen als unbedingt notwendig. Ein praxisorientiertes Steuersparbuch!

Bei der Auswahl der Themen gerät man zwangsläufig in ein Dilemma: Es gibt unendlich viel Interessantes und Nützliches, aber ebenso viel, das für die Praxis wenig hilfreich ist. Was also erwähnen, was weglassen? Aus dieser Themenbreite habe ich ausgewählt, was sich in meiner Erfahrung aus der Steuerberaterpraxis und Dozententätigkeit für Existenzgründer und Jungunternehmer als wichtig und typisch erwiesen hat. Deshalb finden Sie hier keine Sonderfälle oder exotischen Steuertipps, die mit Ihrem Tagesgeschäft wenig bis gar nichts zu tun haben, sondern alltagstaugliches Praxiswissen.

Für dieses Büchlein erhalte ich möglicherweise keinen wissenschaftlichen Ritterschlag, aber wenn ich bei dem einen oder anderen Leser Interesse für das Thema wecke, ihm ein Schmunzeln abringe und vor allem beim Steuersparen helfen kann, ist das eine angemessene Wertschätzung meiner Arbeit. Geben Sie Steuern eine Chance, sie sind interessanter als ihr Ruf!

Viel Spaß beim Lesen und Steuersparen!

Ihr Andreas Görlich

Für Anregungen, Kritik und Fragen bin ich immer offen – schreiben Sie mir unter **hallo@steuern-aber-lustig.de**.

TEIL I

Allerlei Wissenswertes über das liebe Steuerrecht, den Steuerzahler und den Fiskus

In diesem Teil erfahren Sie ...

- was Deutschland zum Steuerparadies macht und warum Steuern eine durchaus spannende und lebendige – und vor allem aber lohnenswerte – Materie sind.
- dass Steuern eine wichtige Rolle im unternehmerischen Zehnkampf spielen und der Umgang mit den Finanzbehörden fair ablaufen sollte.
- dass „Hauptsache, Steuern sparen, koste es, was es wolle" nicht immer die richtige Einstellung ist – und warum die Erhebung von Steuern notwendig ist.

INTERNATIONALER
STEUER-CONTEST
WIR SIND WELTMEISTER! YUHEEEE!!!
UStG
EStG
JAAAAA!!!
SUPER?
1
2
3

Deutschland – ein Steuerparadies

Ich weiß nicht, ob Sie es schon wussten: Deutschland ist ein echtes Steuerparadies. In kaum einem anderen Land gedeihen Steuern so prächtig wie hierzulande. Wir sind quasi total besteuert! Von A wie Abgeltungssteuer bis Z wie Zweitwohnsitzsteuer - inzwischen sprießt eine Vielfalt von mehr als 40 Steuerarten auf dem Nährboden der deutschen Steuerzahler. Dazu gehören Kuriositäten wie etwa die Sexsteuer, die die käufliche Liebe besteuert, aber auch prähistorische Gattungen wie die Schaumweinsteuer, die Kaiser Wilhelm II. zur Finanzierung der Kriegsflotte einführte. „Die Kriegsflotte wurde inzwischen zweimal versenkt, die Schaumweinsteuer zehnmal erhöht." (Guido Westerwelle, deutscher Politiker)

Das deutsche Steuersystem strotzt nur so vor Superlativen. Wir sind Weltmeister in der Disziplin Steuern, seit Jahrzehnten ungeschlagen. Mehr als 90.000 steuerliche Normen (Gesetze, Richtlinien, Erlasse) und unzählige Gerichtsurteile machen das deutsche Steuersystem weltweit konkurrenzlos. Es gibt sogar Stimmen, die munkeln, dass zwei Drittel der gesamten weltweiten Steuerliteratur in Deutsch geschrieben sind.

Wow! Bei dieser Einzigartigkeit und Vielfalt ist es nur noch eine Frage der Zeit, dass die UNESCO das deutsche Steuersystem zum Weltkulturerbe erklärt. Und dank der Kreativität des deutschen Gesetzgebers, immer wieder neue Steuern zu erfinden, obwohl schon die alten keiner zahlen will, werden wir auch künftig einen Platz auf dem Siegertreppchen im internationalen Steuerwettbewerb innehaben. Immer wenn Sie Politiker von Steuererleichterungen reden hören, ist es höchste Zeit, sich alle Taschen zuzunähen.

Leider sind wir Weltmeister in einer unpopulären Disziplin! Kaum eine andere Materie gilt als so staubtrocken und ist so unbeliebt wie Steuern. Zu Unrecht: Steuerwissen ist bares Geld – Geld, das entweder in Ihrem Portemonnaie bleibt oder in den Rachen des Fiskus wandert. So gesehen ist das Thema alles andere als langweilig. Vielmehr sind Steuern eine durchaus spannende und lebendige Materie.

Spannend, weil man sich von Zeit zu Zeit mit steuerlichen Fragen beschäftigen darf, die zwar nicht lebenswichtig, aber extrem interessant sind. Zum Beispiel: Was ist eigentlich die Bemessungsgrundlage der Sexsteuer? Wann sind sexy Dessous als Betriebsausgabe absetzbar? Oder: Wie erhöhen Sie Ihre Chancen auf dem Heiratsmarkt durch steuerliche Verlustvorträge und warum ist der Gang zum „stillen Örtchen“ nicht steuerlich abzugsfähig?

Lebendig ist die Materie, weil Steuern in fast alle Lebensbereiche eingreifen. Jeder zahlt täglich Steuern, ob bewusst oder unbewusst. Von morgens bis abends haben Sie einen ständigen Begleiter: den Fiskus. Keine Angst, Vater Staat will nur Ihr Bestes – Ihr Geld. Schon morgens, wenn Sie das Licht anschalten (Stromsteuer), zum Wachwerden eine Tasse Kaffee trinken (Kaffeesteuer) und anschließend beim „Gassigehen" mit dem Hund (Hundesteuer) eine Zigarette rauchen (Tabaksteuer), verschafft das dem Staat reichlich Einnahmen. Wenn Sie abends feiern gehen, kassiert der Staat über Alkoholsteuer, Sektsteuer, Biersteuer, Sexsteuer und Co. ebenfalls kräftig mit. Und wann haben Sie zum ersten Mal bemerkt, dass es Ihnen Spaß macht, Steuern zu zahlen?

Weil das alles so ist, sind Steuern keineswegs langweilig, sondern durchaus spannend und lebensnah – auch, wenn es nicht immer leicht ist, sie zu verstehen. Egal, wie Sie zu dem Thema stehen, bedenken Sie: Steuerwissen hilft Ihnen dabei, dass mehr von Ihrem hart verdienten Geld in Ihrer Tasche landet und Sie keinen Cent zu viel an den Fiskus verschenken. Und wer sich einmal von den Vorurteilen rund um die Steuer freigemacht hat, wird feststellen: Die Geheimwissenschaft zu verstehen, ist gar nicht so schwer. Mehr noch: Die ganze Geschichte fängt an, richtig Spaß zu machen, wenn man Steuersparpotenziale ausschöpfen kann und so das Wissen in allerlei bare Euros ummünzt.

Mein Tipp: Investieren Sie in Steuern, die steigen immer! Marktbeobachter berichten, dass die heimlichen Steuererhöhungen unheimlich zunehmen.

Unternehmerischer Zehnkampf und das liebe Steuerrecht

Unternehmer werden ist nicht schwer, Unternehmer sein dagegen sehr. Allein ein Meister seines Fachs zu sein, reicht heutzutage nicht mehr aus, um erfolgreich ein Unternehmen zu führen. Es braucht mehr: Als Unternehmer sind Sie gut mit einem Zehnkämpfer vergleichbar. Sie sollten in vielen Disziplinen fit sein, wenn Sie auf dem Siegertreppchen landen wollen.

Das Blöde daran: Sie müssen sich auch mit Disziplinen herumschlagen, die bei Ihnen vielleicht so beliebt sind wie Fußpilz in der Sauna – oder die sogar Schrecken und Schauder auslösen. Ein Schreckgespenst im unternehmerischen Zehnkampf sind für viele die Steuern. Nicht wenige treten den Gang zum Finanzamt mit der gleichen Leidenschaft an wie das Rindvieh den zum Schlachter. Aber ob Sie wollen oder nicht: Es führt kein Weg daran vorbei – Sie müssen sich mit der ungeliebten Materie beschäftigen.

Dabei ist es gar nicht nötig, Steuerfachmann oder Bilanzbuchhalter zu sein, um ein Unternehmen zu führen. Sie sollten aber über ein steuerliches Grundwissen verfügen. Dann sind Sie klar im Vorteil: Sie können Ihr eigenes Geschäft im Alltag besser verstehen und weitsichtiger führen. Und vor allem können Sie Geld sparen.

Gleichzeitig sollten Sie nicht zulassen, dass sich das Thema auf Ihrem Schreibtisch zu breit macht, sonst laufen Sie Gefahr, Ihr Kerngeschäft aus den Augen zu verlieren.

Denn ein wichtiger Grundsatz lautet: Mit Steuern verdienen Sie kein Geld!

Geld verdienen Sie, indem Sie Ihre Produkte oder Dienstleistungen an den Mann oder an die Frau bringen. Erst dann tragen solide Buchhaltungs- und Steuerkenntnisse dazu bei, dass mehr von dem verdienten Geld auf Ihrem Konto bleibt.

Selbstständige müssen sich um ihre Steuerangelegenheiten selbst kümmern. Es gilt: „Die Unkenntnis der Steuergesetze befreit nicht von der Pflicht, Steuern zu zahlen. Die Kenntnis aber häufig schon." *(Mayer Amschel Rothschild, deutscher Bankier im 18. Jahrhundert)*

Das Finanzamt macht Sie nicht proaktiv und umfassend auf Ihre steuerlichen Pflichten aufmerksam. Vielmehr haben Sie eine Holschuld – Sie müssen sich selbst darüber informieren, welche Steuern zu zahlen, welche Steuererklärungen abzugeben und wann diese fällig sind. Ob Sie sich ganz allein durch den Steuerdschungel kämpfen oder sich unterstützen lassen, liegt bei Ihnen.

Selber machen oder zum Steuerberater?

Nicht wenige empfinden eine Besprechung mit ihrem Steuerberater wie einen Besuch beim Zahnarzt, nur noch schlimmer. Eines vorneweg: Es gibt keine rechtliche Verpflichtung, einen Steuerberater zu beauftragen. Sie dürfen Ihren Steuerkram auch im Alleingang schultern. Das „Do-it-yourself-Prinzip" gilt unabhängig von der Unternehmensgröße und Rechtsform. Ob das sinnvoll ist, ist eine andere Frage.

Selber machen oder den ganzen Salat einem Profi geben – die Entscheidung darüber hängt im Wesentlichen von Ihrer Affinität zur Steuerwelt, Ihren Buchhaltungs- und Steuerkenntnissen sowie vom Umfang Ihrer betrieblichen Aktivitäten ab. Steuern sind keine Geheimwissenschaft. Mit solidem Grundwissen und etwas Motivation können Sie Ihre Steuerangelegenheiten durchaus in

Eigenregie stemmen. Aber entwickeln Sie keinen falschen Ehrgeiz: Unterschätzen Sie nicht die Komplexität der Materie und überschätzen Sie nicht Ihr eigenes Fachwissen! Wenn Sie mehr Zeit mit Buchungssätzen und Steueranmeldungen verbringen als mit Ihrem operativen Geschäft, ist das betriebswirtschaftlich großer Mumpitz. Und wenn sich dann wegen mangelnder Fachkompetenz auch noch Fehler einschleichen, kostet das richtig Kohle. Gönnen Sie sich etwas Gutes und holen Sie sich im Zweifel fachliche Unterstützung vom Steuerprofi. Dafür müssen Sie zwar Geld abdrücken, aber gute Beratung spart in der Regel mehr, als sie kostet – und Sie können ruhiger schlafen. Denken Sie dabei auch an die ersparte eigene Arbeitszeit, die für Ihr Kerngeschäft frei wird. Und wenn Sie es richtig anstellen, verdienen Sie mit Ihrer eigentlichen Tätigkeit mehr, als die Kostenersparnis durch das Do-it-yourself.

Gerade in der Startphase ist die Zeit in das operative Geschäft besser investiert. Zu Geschäftsbeginn ist Ihre wichtigste Herausforderung das „Klinkenputzen“, also die Notwendigkeit, schnell einen Referenzkundenstamm aufzubauen und schließlich Gewinne einzufahren. Viele Existenzgründer denken jedoch: „Ich kann mir das Geld für einen Steuerberater sparen; erst wenn sich die Geschäfte entwickeln, ziehe ich einen Steuerexperten hinzu.“ Doch damit haben Sie die Rechnung ohne das Milchmädchen gemacht. Denn wenn Sie von Anfang an Fehler machen oder Steuervorteile zu Ihren Gunsten übersehen, stellen Sie falsche Weichen auch für die Folgejahre und Ihr Nachteil potenziert sich dadurch. Unterm Strich verlieren Sie so eine Menge Geld. Am falschen Ende sparen kommt dann letztlich teurer, als wenn Sie von Beginn an professionellen Rat eingeholt hätten.

Die Frage „Steuern selber machen oder nicht?“ lässt sich aber nicht allgemeingültig beantworten, sondern ist immer abhängig von den Gesamtumständen des Einzelfalls. Was jedoch pauschal gilt: Der Umgang mit dem Finanzamt und seinen Gehilfen sollte immer fair ablaufen.

Umgang mit dem Finanzamt

Das Thema liegt mir sehr am Herzen: Der Finanzbeamte und auch die Finanzbeamtin ist nicht von Natur aus böse. Und der Steuerpflichtige ist nicht der natürliche Feind des Finanzamts. Vielleicht denken Sie daran, wenn Sie das nächste Mal Ihren freundlichen Fiskalvertreter mit grundlosen Einsprüchen, Dienstaufsichtsbeschwerden oder gar wüsten Beschimpfungen bombardieren wollen. Zügeln Sie Ihre aufkeimenden Gewaltfantasien und sparen Sie sich gegenüber Ihrem Sachbearbeiter auch Kommentare wie: „Sind Sie nun zuständig oder ständig zu?" Das mag helfen, Ihrem Ärger Luft zu machen und dadurch Ihr Wohlbefinden zu erhöhen. Doch dem Gesprächsklima tut es keinesfalls gut und Ihr behördlicher Ansprechpartner hält sich danach sicherlich mit kooperativen Vorschlägen zurück.

Der einzelne Finanzbeamte ist nicht für den Wust an Steuerparagrafen verantwortlich, die Ihnen das Leben schwer machen. Aber er besitzt bei vielen Entscheidungen einen erheblichen Ermessensspielraum und kann Ihnen bürokratische Stolpersteine in den Weg legen – oder beiseiteschieben. Finanzbeamte sind auch nur Menschen und machen schlichtweg nur ihren Job. Sie erfüllen eine wichtige Funktion in unserem Staat, weil sie aufpassen, dass sich niemand an seinen steuerlichen Pflichten vorbeimogelt. Das ist gut so! Denn wo es endet, wenn die Finanzverwaltung nicht funktioniert, sehen wir gerade am Negativbeispiel Griechenland.

Also: Bleiben Sie fair im Umgang mit den Finanzbehörden – Ihr Finanzbeamter wird es Ihnen mit Hilfsbereitschaft danken.

> Um eine Einkommensteuererklärung abgeben zu können, muss man Philosoph sein; es ist zu schwierig für einen Mathematiker. (*Albert Einstein*)

„Hauptsache, Steuern sparen, koste es, was es wolle!“

Steuern sparen möchte jeder, und zwar möglichst viel. Wenn so mancher Unternehmer „Steuern sparen“ hört, sieht man, wie in seinen Augen die Dollarzeichen aufblitzen, die Synapsen im Hirn losrattern und der Verstand auf Kurzurlaub geht. Getrieben von dem Gedanken „Steuern sparen, koste es, was es wolle!“ werden dann Entscheidungen getroffen, die jeder betriebswirtschaftlichen Vernunft entbehren. Hauptsache, Steuern sparen – mit diesem Argument lassen sich dann auch die windigsten Geldanlagen, die marodesten Immobilien und die dubiosesten Investmentfonds an den Mann oder die Frau bringen.

Die Steuerlast zu drücken, ist eine äußerst beliebte Tätigkeit, dagegen ist auch grundsätzlich nichts einzuwenden. Doch bei manchem erscheint der Trieb, Steuern zu sparen, sogar ausgeprägter zu sein als der Fortpflanzungstrieb. Nimmt der Steuerspartrieb gar überhand, spricht man von Steuerhinterziehung. Und das ist kein Kavaliersdelikt! In Griechenland scheint Steuerhinterziehung zwar olympische Disziplin zu sein, aber hierzulande ist sie nach wie vor eine Straftat.

Bei allem Verständnis für den Wunsch, dem Fiskus keinen Cent zu schenken: Das Ziel, Steuern zu sparen, kann immer nur ein Ziel sein, nie das alleinige. Es ist zwar ein schönes Gefühl, den Fiskus an den Kosten für den neuen Mercedes oder für das repräsentative Büro zu beteiligen. Aber ist die Luxuskarosse beim Start in die Selbstständigkeit wirklich notwendig oder tut es der Gebrauchte am Anfang auch noch? Brauche ich das repräsentative Büro oder kann ich auch vom Home-Office aus starten? Nicht selten schätzen Unternehmer die Steuerersparnis durch ihre Investition falsch ein. So manches „Steuerschnäppchen" entpuppt sich im Nachhinein als echte Geldvernichtung.

In der Praxis herrscht oft der Irrglaube, der Fiskus beteilige sich vollständig an Ihrer Investition in Form einer Steuerersparnis. Das ist aber nicht so. Sie erhalten immer nur einen Bruchteil Ihres „Schnäppchens" oder im schlechtesten Fall gar nichts vom Finanzamt zurück. Denn Sie müssen berücksichtigen:

- Die Steuerersparnis für eine Betriebsausgabe entspricht lediglich der Höhe des bei Ihnen anzuwendenden Steuersatzes. Das heißt: Wenn Sie beispielsweise einen Grenzsteuersatz (mehr dazu in Teil IV, S. 159) von 30 % haben, erhalten Sie vom Fiskus für einen zusätzlichen Euro Betriebsausgabe nur maximal 30 Cent Steuer zurück.

- Beachten Sie auch, dass Sie immer nur die Kosten für die betriebliche Nutzung steuerlich absetzen können. Sprich: Im Fall des neuen Mercedes sind die Privatfahrten mit dem Geschäftswagen steuerlich nicht abzugsfähig.

- Betriebliche Anschaffungen müssen Sie sofort bezahlen, aber von der Steuer dürfen Sie die Kosten meistens nur ratenweise – über mehrere Jahre verteilt – absetzen (auf Amtsdeutsch: abschreiben). Also: Ihr Geld ist sofort weg – die Steuerminderung wird erst später vollständig wirksam!

Denken Sie bei Ihren Investitionsüberlegungen immer an diese Einschränkungen und seien Sie mit vermeintlichen Steuerschnäppchen vorsichtig. Ihre unternehmerischen Entscheidungen sollten nicht primär durch die Motivation, Steuern zu sparen, getrieben sein. Vielmehr sollte die betriebswirtschaftliche Notwendigkeit der Anschaffung im Vordergrund stehen.

So wichtig und sinnvoll betriebliche Anschaffungen sein mögen, Sie dürfen nicht vergessen: Das für die Investitionen aufgewendete Geld fehlt anschließend in der Kasse. Selbst beim höchsten Steuersatz von 45 %, beim sogenannten „Reichensteuersatz", mindert eine Ausgabe von 1.000 € die Steuerlast nur um 474,75 € (= Einkommensteuer 450 € + Solidaritätszuschlag 24,75 €, ohne Kirchensteuer). Der Rest, ganze 525,25 €, ist fort. Also prüfen Sie im Voraus, ob Sie sich die Investition leisten können! Es gilt immer: In der Tasche hat derjenige netto am meisten übrig, der am wenigsten Kosten hat. Netto verdienen und brutto leben, ist langfristig nicht gut.

! Aufgepasst: Zu allen windigen Steuersparmodellen und dubiosen Steuerweisheiten sei eines gesagt: Wer keine Steuern zahlen will, darf nicht viel verdienen. Alles andere klappt nicht oder ist strafbar.

Von der Notwendigkeit, Steuern zu zahlen

Wenn wir uns über den habgierigen Fiskus und seine Fiskalritter beschweren, vergessen wir: Steuern müssen sein. Sie sind etwas ganz Normales und sogar notwendig. Denn „Steuern sind der Blutkreislauf des Staates" *(Jean Monnet, französischer Staatsmann des 20. Jahrhunderts)* Eines ist klar: Wer einen Sozialstaat will, muss auch dafür aufkommen. Im Alltag gibt es viele Aufgaben, die nur der Staat lösen kann. Bildung, öffentliche Infrastruktur, Gesundheitswesen und soziale Absicherung, innere und äußere Sicherheit gehören dazu. Gerade Existenzgründer profitieren von staatlichen

Fördermitteln, die den Start in die Selbstständigkeit erleichtern. All diese Leistungen finanziert Vater Staat mit den Steuereinnahmen. Ohne diese Gelder könnte er seinen Aufgaben nicht mehr nachkommen.

Also: Die Notwendigkeit der Steuererhebung steht nicht zur Diskussion – Steuern sind erforderlich. Ob Steuern tatsächlich effizient verwendet werden, ist eine andere Frage, die sehr wohl diskussionswürdig ist. Jahr für Jahr deckt der Bund der Steuerzahler unzählige Fälle von Verschwendung und sorglosen Umgang von Steuergeldern in Bund, Ländern und Kommunen auf. Die Bruchlandung „Euro-Hawk", das Flughafendebakel Berlin-Brandenburg oder die Nürburgring-Pleite sind Musterbeispiele an Steuerverschwendung. Immer geht es um Steuergelder in Millionenhöhe, immer sind es die Kassenwarte in Politik und Verwaltung, die dafür verantwortlich sind. Und am Ende zahlt immer der Steuerzahler. Wäre die Misswirtschaft mit Steuergeldern steuerpflichtig, wäre der Staatssäckel wohl gefüllt und die Steuerlast der Bürger könnte gesenkt werden.

Eines zum Schluss: Das Tröstliche am Steuerzahlen ist, dass es nicht süchtig macht!

§

Rechtsprechung zum Schmunzeln: Steuern zahlen kann nicht aus Gewissensgründen abgelehnt werden

Es war zu vermuten, aber einen Versuch war es allemal wert. Ein religiöses Ehepaar, das Einkommensteuer zahlen sollte, schrieb an das Finanzamt: „Wir lehnen aus religiöser Überzeugung die Anwendung kriegerischer Gewalt grundsätzlich ab und können es deshalb mit unserem Gewissen nicht länger vereinbaren, mit unseren persönlichen Steuern zur militärischen Rüstung unseres Landes beizutragen."

Das gewissenlose Finanzamt spielte nicht mit und wies das Begehren zurück. Der Fall landete vor Gericht, weil das pazifistische Steuersparerpaar sich in seinem Grundrecht auf Gewissensfreiheit verletzt fühlte. Die Richter fühlten mit, kamen aber nach gewissenhafter Abwägung zu dem Urteil: Die Zahlung von Steuern kann nicht aus Gewissensgründen abgelehnt werden. *(Bundesfinanzhof vom 6.12.1991, III-R-81/89)*

„Oh, sage mir, wie heißt das Tier, das vieles kann vertragen, das wohl den größten Rachen hat und auch den größten Magen? Es heißet Haifisch auf dem Meer und Fiskus auf dem Lande.“
(August Heinrich Hoffmann von Fallersleben, deutscher Dichter)

TEIL II

Erstkontakt mit dem Finanzamt

In diesem Teil lernen Sie ...

- welche Behördengänge Sie als Existenzgründer erwarten.
- ob Sie durch die Brille des Finanzamts als Gewerbetreibender oder Freiberufler einzuordnen sind und welche steuerlichen Unterschiede damit verbunden sind.
- Ihre erste steuerliche Pflicht kennen: das Ausfüllen des steuerlichen Erfassungsbogens.

Erstkontakt mit dem Behördendschungel

Viele Gründungswillige schreckt der Wust an Anmeldungen und Behördengängen bei der Existenzgründung ab. Dabei ist das alles gar nicht so schwer, wenn man erst einmal weiß, wo man anfangen muss und welche Behörde für welche Anmeldung zuständig ist. Der erste Behördengang ist davon abhängig, ob Sie aus Sicht des Finanzamts als **Gewerbetreibender** oder als **Freiberufler** eingestuft werden. Doch diese Abgrenzung ist in der Praxis oft nicht einfach. Im Zweifel entscheidet das Finanzamt darüber, ob es sich bei Ihrem Vorhaben um eine freiberufliche oder gewerbliche Tätigkeit handelt (mehr dazu im nächsten Kapitel).

Gewerbetreibender:
Als zukünftiger Gewerbetreibender müssen Sie sich beim Gewerbeamt der Gemeinde anmelden, in der Sie Ihr Unternehmen eröffnen. Die Gewerbeanmeldung enthält neben Ihren persönlichen Angaben auch genaue Angaben zur Art Ihrer Tätigkeit und zum Zeitpunkt, ab wann Sie mit dieser beginnen wollen. Sie brauchen für die Anmeldung einen Personalausweis und eventuell besondere Nachweise (z. B. Handwerkskarte, Konzession) oder Vertragsunterlagen (z. B. Gesellschaftsvertrag). Handwerksunternehmen in den sogenannten gefahrgeneigten Berufen

(z. B. Dachdecker, **Elektrotechniker**) dürfen Sie **grundsätzlich nur gründen**, wenn Sie eine Meisterprüfung abgelegt haben oder einen Meister anstellen. Ausgenommen von der Meisterpflicht sind sogenannte zulassungsfreie Handwerke sowie handwerksähnliche Berufe. Mit der Gewerbeanmeldung beginnen die Mühlen der Behörden zu mahlen: Das Finanzamt und andere Institutionen (u. a. IHK, Berufsgenossenschaft) werden automatisch von Ihrer Selbstständigkeit informiert.

Freiberufler: Als Freiberufler (z. B. Rechtsanwälte, Ärzte, Künstler) melden Sie sich nicht beim Gewerbeamt an, sondern informieren das Finanzamt über Ihre Existenzgründung. Ein formloses Schreiben an das Finanzamt, in dessen Bezirk Sie sich niederlassen, genügt. Die Mitteilung an das Finanzamt muss innerhalb eines Monats nach Beginn der Selbstständigkeit erfolgen. Wer zu den **geregelten** freiberuflichen Berufsgruppen (z. B. Steuerberater, Rechtsanwalt, Arzt) gehört, braucht eine Berufszulassung, um sich selbstständig machen zu können. Bei den **ungeregelten** Freien Berufen (z. B. Künstler) bedarf es keiner gesonderten Genehmigung für die Aufnahme einer selbstständigen Tätigkeit.

Gründungsfragebogen des Finanzamts – Ihre erste steuerliche Pflicht

Nachdem Sie Ihre gewerbliche oder selbstständige Tätigkeit der Gemeinde bzw. dem Finanzamt angezeigt haben, erhalten Sie Post vom Fiskus: den **Gründungsfragebogen** – Ihre erste steuerliche Pflicht! Mit dem Fragebogen möchte das Finanzamt von Ihnen die folgenden Fragen beantwortet haben:

- Wann wurde der Betrieb eröffnet, welche Tätigkeit wird ausgeübt und wer ist Betriebsinhaber?
- Welche Steuererklärungen und Voranmeldungen sind abzugeben und nach welcher Art soll der Gewinn ermittelt werden?
- Welchen Umsatz und Gewinn erwarten Sie in den ersten zwei Jahren?

Füllen Sie den Fragebogen sorgfältig aus! Ihre Angaben haben weitreichende steuerliche Folgen und binden Sie teilweise für Jahre gegenüber dem Finanzamt. Auf der Grundlage des Fragebogens bekommen Sie Ihre Steuernummer mitgeteilt und erfahren, welche Steuererklärungen Sie abgeben und in welcher Höhe Sie Vorauszahlungen leisten müssen. Das Finanzamt verlangt von Ihnen, in die Glaskugel zu schauen: Sie sollen den Umsatz und Gewinn Ihres Unternehmens für die ersten zwei Jahre voraussagen. Das ist nicht ganz leicht, zumal Sie gerade erst starten. Schätzen Sie realistisch!

Vorsicht: Wenn Sie sich gegenüber dem Fiskus arm rechnen, kann das zu unliebsamen Überraschungen in Form von Steuernachzahlungen führen. Zu optimistisch sollten Sie auch nicht schätzen, weil Sie sonst vorab zu viel Steuer zahlen müssen. Die Fehleinschätzung zu erwartender Steuerzahlungen gehört zu den häufigsten Fallstricken bei Existenzgründungen. Es gilt: Rechnen Sie von Anfang an mit dem Finanzamt, aber realistisch!

! Gut zu wissen: Entwickelt sich der Gewinn nicht so, wie von Ihnen gedacht – keine Sorge! Sie können beim Finanzamt einen Antrag auf Herabsetzung der Vorauszahlungen stellen.

Fürs Auge zusammengefasst:

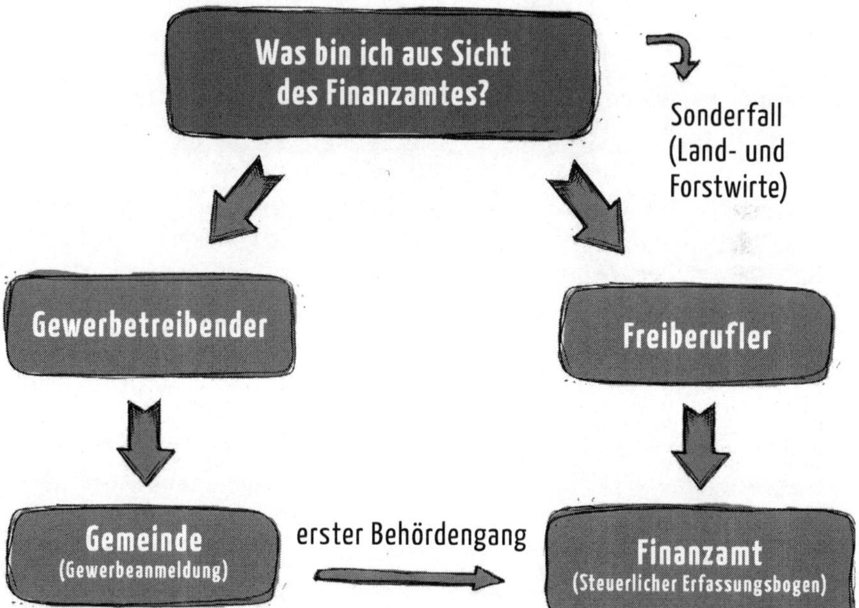

Was bin ich? Gewerbetreibender oder Freiberufler?

Wie wir gerade gesehen haben, ist selbstständig aus Sicht des Finanzamts nicht gleich selbstständig. Die Brille des Finanzamts hat zwei unterschiedliche Gläser: Gewerbetreibende und Freiberufler. Zwischen diesen Brillengläsern gibt es vielfältige rechtliche und steuerliche Unterschiede: beispielsweise, in welcher Behörde die selbstständige Tätigkeit angemeldet werden muss, ob sie gewerbesteuerpflichtig ist und wie die Gewinnermittlung erfolgt. *(Der Vollständigkeit halber sei angemerkt: Das Finanzamt kennt auch noch Land- und Forstwirte. Doch die Behandlung dieser steuerlichen Exoten ist nicht Gegenstand dieses Ratgebers.)*

Die Frage nach dem „Was bin ich?" kann in vielen Fällen nicht ohne Weiteres beantwortet werden. Nicht nur der Steuerpflichtige und das Finanzamt sind hinsichtlich der richtigen Einstufung häufig unterschiedlicher Meinung. Dies gilt auch für Richter bei den Finanzgerichten. Widersprüchliche Rechtsurteile fördern das mittelschwere Abgrenzungschaos in der Praxis. Fragen Sie zwei Finanzbeamte, was Sie durch die Brille des Finanzamts sind, und Sie erhalten nicht selten drei verschiedene Antworten: **1. Gewerbetreibender, 2. Freiberufler und 3. beides!**

Wo aber verläuft die Trennlinie, um Freiberufler von Gewerbetreibenden zu unterscheiden? Allgemein gilt: Kennzeichnend für die freiberufliche Tätigkeit ist der vorrangige Einsatz der geistigen und persönlichen Arbeitsleistung. Bei Freiberuflern tritt der Einsatz von Kapital in Form von Waren oder Maschinen in den Hintergrund. Stattdessen spielt bei ihnen oft ein hohes Maß an beruflicher oder akademischer Qualifikation oder eigenschöpferischer Begabung eine wichtige Rolle.

Typische Gewerbetreibende sind dagegen Handwerker, Gastwirte, Einzelhändler oder Handelsvertreter. Die Grenzen sind dennoch nicht immer eindeutig und verlaufen oft fließend. Wie ist beispielsweise die genaue Abgrenzung zwischen einem Kunsthandwerker (gewerbliche Tätigkeit) und einem Künstler (freiberufliche Tätigkeit) möglich? Spannend ist auch die Frage: Ist eine Stripteasetänzerin künstlerisch (freiberuflich) oder gewerblich tätig?

Letztendlich gibt es keine „auf alle Fälle" zutreffende gesetzliche Definition, auf die zurückgegriffen werden kann. **Das Einkommensteuergesetz und das Partnerschaftsgesellschaftsgesetz** geben mit einer katalogähnlichen Auflistung von Berufen lediglich eine Richtung vor. Wer also einen sogenannten **Katalogberuf**, einen **katalogähnlichen Beruf** oder einen **Tätigkeitsberuf** ausübt, ist ein Freiberufler. Andersherum: Finden Sie sich nicht in einer dieser Kategorien wieder, dann sind Sie als Gewerbetreibender einzustufen.

Katalogberufe

Die Katalogberufe sind im Einkommensteuergesetz oder Partnerschaftsgesellschaftsgesetz genannt und lassen sich in **vier Berufsgruppen** aufteilen:

Katalogberufe:

- **Heilberufe:** Ärzte, Zahnärzte, Tierärzte, Heilpraktiker, Krankengymnasten, Hebammen, Heilmasseure und Diplom-Psychologen
- **Rechts-, steuer- und wirtschaftsberatende Berufe:** Rechtsanwälte, Patentanwälte, Notare, Wirtschaftsprüfer, Steuerberater, Steuerbevollmächtigte, beratende Volks- und Betriebswirte und vereidigte Buchprüfer
- **Naturwissenschaftliche und technische Berufe:** Vermessungsingenieure, Handelschemiker, Architekten, Lotsen und Sachverständige
- **Informationsvermittelnde Berufe und Kulturberufe:** Journalisten, Bildberichterstatter, Dolmetscher, Übersetzer, Wissenschaftler, Künstler, Schriftsteller, Lehrer und Erzieher

Also: Üben Sie einen der obigen Katalogberufe aus und sind alle von Ihnen ausgeübten Tätigkeiten auch berufstypisch, dann steht Ihrer Anerkennung als Freiberufler nichts im Wege.

! Beachten Sie: Ausschlaggebend für den Freiberuflerstatus ist, dass Sie in diesem Beruf auch tätig sind. Wenn Sie als Steuerberater nicht steuerberatend tätig sind, sondern eine Kneipe betreiben, dann sind Sie Gastronom und damit gewerblich tätig. Für die Einordnung kommt es allein auf die Art der tatsächlich ausgeübten selbstständigen Tätigkeit an!

Katalogähnliche Berufe

Entspricht Ihre selbstständige Tätigkeit nicht direkt einem der im Gesetz genannten Katalogberufe, so kann sie dennoch freiberuflich sein, sofern sie einem Katalogberuf ähnelt. Für die Einstufung als katalogähnlicher Beruf ist entscheidend, dass Ausbildung und konkrete Tätigkeit mit der eines Katalogberufs vergleichbar sind, also das Anforderungsprofil weitgehend identisch ist. Die Finanzgerichte haben durch exemplarische Urteile entschieden, dass diese Berufe in den Kreis der Freien Berufe gehören. Zu den durch solche Urteile bestätigten katalogähnlichen Berufen gehören beispielsweise: ambulante Krankenpfleger, Baustatiker, Logopäden, Psychotherapeuten, Rentenberater und viele andere. Diese Aufzählung ist nicht vollständig!

Tätigkeitsberufe

Auch selbstständig ausgeübte wissenschaftliche, künstlerische, schriftstellerische, unterrichtende oder erzieherische Tätigkeiten – sogenannte Tätigkeitsberufe – werden als freiberuflich eingestuft. Der Arbeitsmarkt steht nicht still, neue Berufsbilder tauchen ständig auf. Mit der Kategorie der Tätigkeitsberufe wurde vor allem dieser Entwicklung Rechnung getragen.

Tätigkeitsberufe:

- **Wissenschaftliche Tätigkeit:** Dazu zählen Forschung, Lehrtätigkeit oder das Erstellen von Gutachten sowie das Verfassen von Fachaufsätzen und Fachbüchern.

- **Künstlerische Tätigkeit:** Zentrales Merkmal künstlerischer Betätigung ist die eigenschöpferische Gestaltung des Werkes (z. B. Komponisten oder bildende Künstler wie Bildhauer und Maler). Auch eine reproduzierende Tätigkeit kann eigenschöpferischen Charakter haben und gilt dann als künstlerische Tätigkeit, wie etwa bei Schauspielern, Sängern oder Dirigenten.

- **Schriftstellerische Tätigkeit:** Eine schriftstellerische Tätigkeit liegt vor, wenn eigene Gedanken schriftlich für die Öffentlichkeit niedergelegt werden, und zwar unabhängig vom Qualitätsniveau und Inhalt der Arbeit. Beispiele: Autoren, Lektoren, Werbetexter oder Redenschreiber.

- **Erzieherische Tätigkeit:** Erzieherisch tätig ist, wer sich bemüht, die Persönlichkeit insbesondere heranwachsender Menschen charakterlich, geistig, aber auch körperlich zu formen (z. B. Erziehungshilfe, Kindertagespflege).

- **Unterrichtende Tätigkeit** ist die Vermittlung von Wissen, Kenntnissen und Fähigkeiten. Unterrichtend tätig ist beispielsweise der Sprach-, Tanz-, Fahrlehrer oder Dozent in der Erwachsenenbildung.

Freiberufler oder Gewerbetreibender? Die passende Schublade ist nicht immer leicht zu finden. Wenn Sie die Frage nach dem „Was bin ich?“ nicht eindeutig beantworten können, sollten Sie im eigenen Interesse beispielsweise einen Steuerberater konsultieren, um gemeinsam Ihre angestrebten Tätigkeiten zu analysieren. In unklaren Fällen ist die Entscheidung des Finanzamtes maßgeblich, ob es sich bei Ihrem Vorhaben um eine freiberufliche oder gewerbliche Tätigkeit handelt.

! TIPP: In Zweifelsfällen bringt die Vogel-Strauß-Technik „Kopf in den Sand stecken und abwarten, was passiert“ nichts. Seien Sie aktiv und suchen Sie den Dialog mit den Finanzbehörden, damit Sie Rechtsklarheit gewinnen. Bereiten Sie Ihre Tätigkeitsinhalte so „mundgerecht“ und überzeugend auf, dass der Finanzbeamte zu Ihren Gunsten entscheidet.

Ach ja! Da war doch noch die spannende Ausgangsfrage, die wie eine Weihnachtslichterkette über uns hängt:
Ist eine Stripteasetänzerin freiberuflich oder gewerblich tätig?

Höchstrichterlich ist diese Frage, was eine Erotik-Athletin durch die steuerliche Brille betrachtet ist, leider noch nicht explizit geklärt worden. Ich könnte mir aber vorstellen, dass der eine oder andere Richter diese Frage gerne „näher“ betrachten würde. Unter der Annahme, dass eine Stripteasetänzerin eine künstlerische Tätigkeit ausübt, käme eine Anerkennung als Freiberuflerin wohl infrage. Nach höchstrichterlicher Rechtsprechung setzt nämlich eine künstlerische Betätigung voraus,

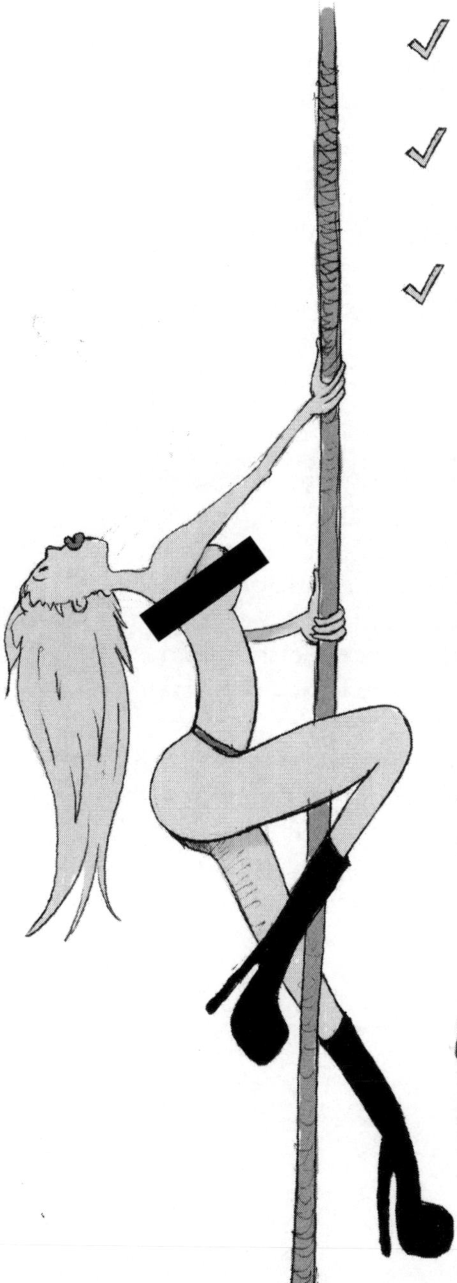

- dass der „Künstler" eine eigenschöpferische Leistung vollbringt,
- in der seine individuelle Anschauungsweise und Gestaltungskraft zum Ausdruck kommt
- und die über eine hinreichende Beherrschung der Technik hinaus auch eine gewisse künstlerische Gestaltungshöhe erreicht.

Passt durchaus! Man(n) könnte geradezu glauben, dass die Richter bei ihrer Urteilsbegründung die Tätigkeit einer Stripteasetänzerin buchstäblich vor Augen hatten. Aber: Über Kunst lässt sich ja bekanntlich streiten, sodass die Entscheidung immer vom Einzelfall abhängig ist. Also, meine lieben Damen: Im Zweifel werden Sie bei Ihrem zuständigen Finanzbeamten vorstellig und „Let's dance"!

§ **Rechtsprechung zum Schmunzeln:** Der schlafende Richter

Nicht immer ist das Steuerrecht so spannend – es kann in seltenen Fällen auch einschläfernd sein. Der Schlaf der Gerechten überkam wohl einen Richter während einer Verhandlung am Finanzgericht. Weil das Urteil in dieser Verhandlung gegen den Steuerpflichtigen ausfiel, legte dieser kurzerhand Beschwerde gegen die Entscheidung ein. Die Begründung: Der von Ermüdungserscheinungen geplagte Richter konnte wesentlichen Vorgängen in der Verhandlung nicht folgen.

Die obersten Richter mussten nunmehr über ihren schläfrigen Kollegen urteilen und stellten fest, dass ein Richter auch mit vorübergehend geschlossenen Augen und geneigtem Kopf an einer Gerichtsverhandlung ordnungsgemäß teilnehmen kann. Solange keine „sicheren Anzeichen für das Schlafen wie beispielsweise tiefes, hörbares und gleichmäßiges Atmen oder gar Schnarchen“ vorliegen, so die obersten Richter, ist von der ungeteilten Konzentrations- und Urteilsfähigkeit der Justitia auszugehen. Das Lustige: Der Große Senat bezieht sich bei seiner Begründung immer wieder auf ständige Rechtsprechung. Das legt stark die Vermutung nahe, dass der Schlaf der Gerechten die Vertreter Justitias in deutschen Gerichtssälen nicht selten überfällt. *(Bundesfinanzhof vom 17.2.2011, IV-B-108/09)*

Vorsicht, Falle: Gemischte Tätigkeit

Gelegentlich üben Selbstständige zugleich eine freiberufliche und eine gewerbliche Tätigkeit aus. Zum Beispiel: Ein Innenarchitekt verkauft neben seiner beratenden Tätigkeit auch Einrichtungsgegenstände oder ein Augenarzt verkauft auch Kontaktlinsen und Brillen.

Aufgepasst: Der Fiskus betrachtet in solchen Fällen möglicherweise beide Tätigkeiten als eine einheitliche gewerbliche Tätigkeit, wenn keine klare Trennung besteht oder möglich ist. Das nennt sich auf Finanzamtsdeutsch **Abfärbetheorie**, weil die gewerbliche Tätigkeit auf die freiberufliche „abfärbt" und die Gesamtbetätigung dadurch als gewerblich klassifiziert wird.

Wollen Sie nicht, dass der Fiskus Ihnen Ihren Status als Freiberufler streicht, dann müssen Sie eine Trennlinie zwischen beiden Tätigkeiten ziehen. Das heißt: Sie sollten getrennte Bankkonten führen, Leistungen getrennt abrechnen und auch zwei Buchhaltungen führen. Idealerweise verwenden Sie auch für jede Tätigkeit ein eigenes Logo, Briefpapier, eine eigene Visitenkarte etc.

In manchen Fällen dominiert die gewerbliche Tätigkeit jedoch und beide Tätigkeiten sind untrennbar miteinander verbunden. Dann ist die Gesamttätigkeit als gewerblich einzustufen. Beispielsweise sind bei einem Einzelhandelsgeschäft die Kundenberatung und der Verkauf der Ware nicht voneinander zu trennen.

Schreckgespenst Gewerbetreibender

In der Vorstellung vieler Selbstständiger geistert immer noch der Irrglaube herum: „Als Gewerbetreibender habe ich nur Nachteile – und der Status des Freiberuflers ist demgegenüber mit allerlei Vorteilen verbunden." Dem ersten Anschein nach kommt der Freiberufler in den Genuss von Freiheiten, die der Gewerbetreibende nicht hat. Schaut man aber genauer hin, dann verwischen die Vorteile des Freiberuflers und das Schreckgespenst Gewerbetreibender verliert in der Praxis an Schrecken.

Der Freiberufler unterscheidet sich in vier wesentlichen Punkten vom Gewerbetreibenden:

- Er zahlt keine Gewerbesteuer.
- Er muss keine doppelte Buchführung betreiben (eine Einnahmen-Überschuss-Rechnung reicht aus).
- Er ist kein Zwangsmitglied in einer Industrie- und Handelskammer (IHK).
- Er kann bei der Umsatzsteuer stets die Ist-Besteuerung in Anspruch nehmen.

Keine Gewerbesteuer zahlen zu müssen und den Anstrengungen der doppelten Buchführung zu entgehen – das hört sich vorteilhaft an. Die Vorteile des Freiberuflers sind auf den ersten Blick die Nachteile des Gewerbetreibenden. Doch das Schreckgespenst Gewerbetreibender verblasst auf den zweiten Blick deutlich:

Gewerbesteuer: Als Gewerbetreibender sind Sie grundsätzlich gewerbesteuerpflichtig. Sie zahlen aber erst Gewerbesteuer, wenn Ihr jährlicher Gewinn (genauer: Gewerbeertrag) den Freibetrag von 24.500 € überschreitet. Außerdem ist die Gewerbesteuer, die Sie an die Gemeinde zahlen, bei der Einkommensteuer anrechenbar, d. h. die Gewerbesteuer reduziert Ihre Einkommensteuerschuld. Erhebt Ihre Gemeinde einen Gewerbesteuerhebesatz unter 380 %, dann ist Ihre gezahlte Gewerbesteuer vollständig auf Ihre Einkommensteuerschuld anrechenbar. Unterm Strich stellt dann die Gewerbesteuer keine steuerliche Mehrbelastung dar. Mit anderen Worten: Der Gewerbetreibende zahlt zwar Gewerbesteuer und Einkommensteuer, doch aufgrund des Freibetrags und der Anrechnung der Gewerbesteuer bei der Einkommensteuer zahlt er grundsätzlich betragsmäßig nicht mehr Steuern als der Freiberufler! (Mehr dazu im Teil IV, S. 135 ff.)

Doppelte Buchführung: Gewerbetreibende sind grundsätzlich zur doppelten Buchführung verpflichtet. Wie der Name vermuten lässt, verursacht die doppelte Buchführung auch doppelt so viel Aufwand wie die einfache Buchführung, die Einnahmen-Überschuss-Rechnung. Gewerbetreibende können jedoch aufatmen. Solange der Umsatz unter 600.000 € und der Gewinn unter 60.000 € liegt, erlaubt der Gesetzgeber auch dem Gewerbetreibenden, seinen Gewinn durch die Einnahmen-Überschuss-Rechnung zu ermitteln. Und auch wenn Sie diese Grenzen überschreiten, müssen Sie grundsätzlich erst zur doppelten Buchführung (Bilanzierung) übergehen, wenn das Finanzamt Sie dazu auffordert.

Zwangsmitglied in einer IHK oder Handelskammer: Dass Freiberuflern die Zwangsmitgliedschaft in der IHK erspart bleibt, hört sich im ersten Moment vorteilhaft an. Aber auch bestimmte Freiberuflergruppen unterliegen der Aufsicht spezieller Verbände und Kammern – verbunden mit eigenen strengen Regeln, Verpflichtungen und Kosten.

Ist-Besteuerung bei der Umsatzsteuer: Freiberufler dürfen unabhängig von der Höhe ihres Umsatzes stets die sogenannte **Ist-Besteuerung** bei der Umsatzsteuer wählen. Das bedeutet: Sie zahlen die Umsatzsteuer erst dann an den Fiskus, wenn Sie das Geld von Ihren Kunden erhalten haben. Der Vorteil: Sie treten nicht in Vorlage und kommen daher nicht in Geldsorgen, wenn Kunden – was häufiger der Fall ist – ihre Rechnungen erst später zahlen. Aber auch hier können Gewerbetreibende aufatmen. Sie dürfen nämlich auch die Vorteile der Ist-Besteuerung beanspruchen, solange ihr jährlicher Umsatz unter 500.000 € liegt.

Fazit: Das Schreckgespenst Gewerbetreibender spukt zu Unrecht in den Köpfen vieler Selbstständiger herum. Oft ist nicht genau bekannt, was tatsächlich die Unterschiede zum Freiberufler sind und welche Konsequenzen sie haben. Per saldo bedeutet für den Großteil aller Existenzgründer die Einstufung als Gewerbetreibender keine (steuerliche) Mehrbelastung gegenüber dem Status des Freiberuflichen.

Es schrieb ein Steuerzahler: „Sehr geehrter Herr Finanzbeamter, leider reichten meine Intelligenz nicht für eine Steuererklärung und meine Finanzen nicht für einen Steuerberater aus. Daher schicke ich Ihnen die Vordrucke unbearbeitet zu Ihrer Verfügung zurück."

TEIL III

So ermitteln Sie Ihren Gewinn

In diesem Teil erfahren Sie ...

- was die zwei Gewinnermittlungsarten sind, wie sie funktionieren und wer welche Methode anwenden darf.
- allerlei über Betriebseinnahmen und Betriebsausgaben und wie die Sache mit den ominösen Abschreibungen und der GWG-Regelung funktioniert.

Gewinnermittlungsarten: einfach oder doppelt?

Ob Sie wollen oder nicht: Der Fiskus ist nicht nur Ihr ständiger Begleiter, sondern auch Ihr stiller Teilhaber. Sie müssen Ihren Gewinn mit dem Staat teilen. Eine Hand des Finanzministers liegt quasi stets an Ihrem empfindlichsten Körperteil – Ihrem Geldbeutel. Damit Ihr ungeliebter Partner auch feststellen kann, wie tief er in Ihre Tasche greifen darf, verlangt Vater Staat jährlich von Ihnen einen finanziellen Striptease. Sprich: Sie sind verpflichtet, den Gewinn Ihres Unternehmens jährlich zu ermitteln und gegenüber dem Finanzamt offenzulegen.

Das Gute vorab: Sie dürfen einen Teil von dem, was Sie verdienen, sogar behalten!

> Ein Finanzminister ist ein gesetzlich autorisierter Taschendieb. (*Paul Ramadier, französischer Politiker*)

Der Fiskus akzeptiert zwei Arten der Gewinnermittlung, wobei Sie nicht in jedem Fall die freie Auswahl zwischen beiden haben.

Gewinnermittlungsarten

- **Einnahmen-Überschuss-Rechnung**
  (einfache Buchführung)
- **Bilanzierung**
  (doppelte Buchführung)

Der Name ist Programm: Die **doppelte** Buchführung ist grundsätzlich „doppelt“ so aufwendig wie die Einnahmen-Überschuss-Rechnung. Sie ergibt aber auch ein „Mehr“ an Informationen über Ihre Finanzen.

Je nach Art und Größe Ihres Unternehmens haben Sie die Pflicht bzw. die Möglichkeit, den Gewinn durch **einfache** oder **doppelte Buchführung** zu ermitteln.

Wer darf was?

Es gilt der Grundsatz: Gewerbetreibende müssen grundsätzlich bilanzieren, es sei denn, sie überschreiten bestimmte Umsatz- (< 600.000 €) oder Gewinngrenzen (< 60.000 €) nicht. Anders ausgedrückt: Gewerbetreibende dürfen ihren Gewinn durch die Einnahmen-Überschuss-Rechnung ermitteln, solange sie unterhalb der genannten Gewinn- und Umsatzgrenze bleiben. Freiberufler hingegen dürfen ihren Gewinn ausnahmslos und immer durch **einfache Buchführung** ermitteln, können aber auch freiwillig bilanzieren. Für Unternehmer, die in der Rechtsform einer Kapital- oder Personenhandelsgesellschaft tätig sind, sind mit der Wahl des Rechtskleids die Würfel bereits gefallen. Diese Rechtsformen müssen immer bilanzieren.

Gut zu wissen: Überschreiten Sie als Gewerbetreibender in einem Jahr die Umsatz- oder Gewinngrenze, dann müssen Sie nicht sofort von der Einnahmen-Überschuss-Rechnung zur Bilanzierung wechseln. Warten Sie ab, bis das Finanzamt Sie dazu auffordert! Erst im Folgejahr nach der Aufforderung sind Sie zum Wechsel verpflichtet.

! Bedenken Sie: Die vom Fiskus auferlegten Pflichten sind zwar lästig, aber so werden Sie auch gezwungen, Ihre Bücher „up to date“ zu halten. Sie wissen zeitnah, wie es um Ihr Unternehmen bestellt ist, und davon profitieren in erster Linie Sie! Denn die Erfahrung zeigt: Eine vernachlässigte Buchführung und Probleme im Unternehmen gehen oft Hand in Hand. Der fehlende Überblick über die eigenen Finanzen ist einer der häufigsten Gründe für das Scheitern von Existenzgründungen.

Bilanzierungspflichtig – oder genügt eine Einnahmen-Überschuss-Rechnung?

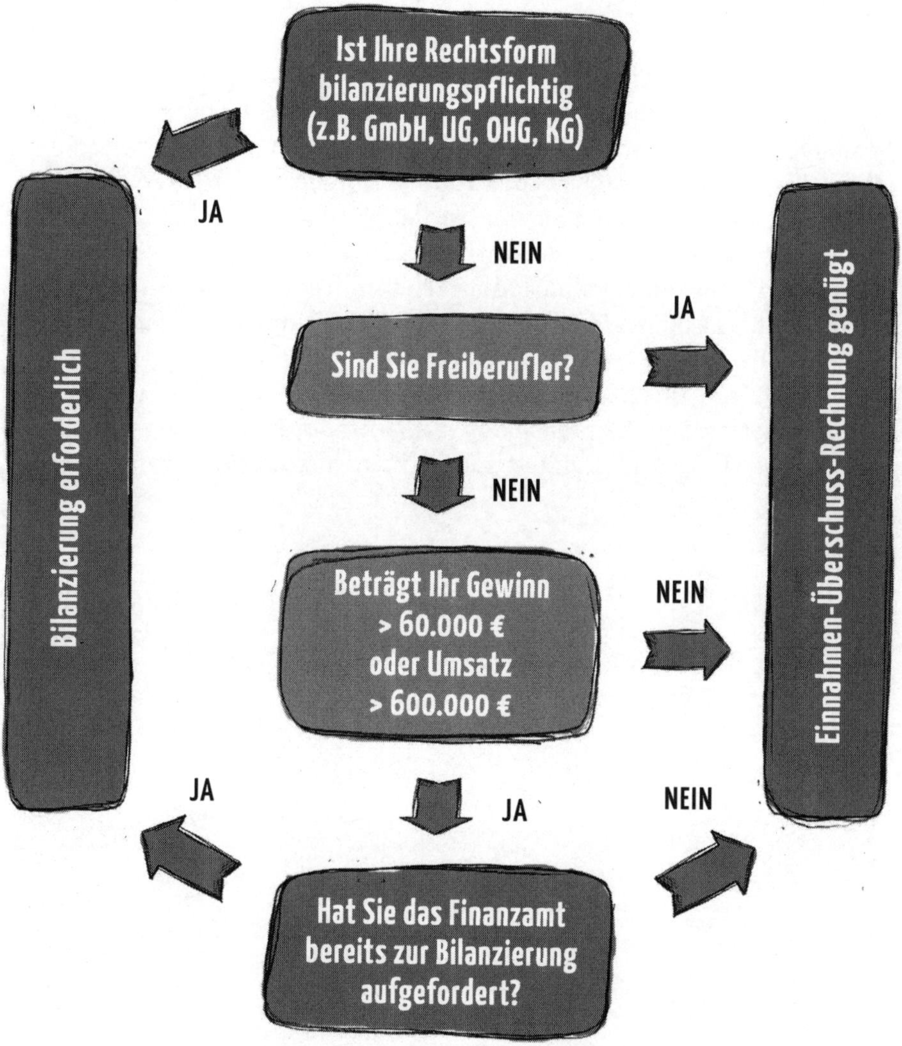

Einfach einfach: die Einnahmen-Überschuss-Rechnung

Die Einnahmen-Überschuss-Rechnung bezeichnet man auch als einfache Buchführung, denn sie ist im Vergleich zur „doppelten" Buchführung mit weniger Aufwand verbunden und erfordert nur überschaubare kaufmännische Vorkenntnisse. „Einfach" ist sie auch deswegen, weil bei der Einnahmen-Überschuss-Rechnung für jeden Geschäftsvorfall grundsätzlich nur eine Buchung erfolgt, und zwar bei Zahlung. Also in dem Moment, in dem das Geld aus Ihrem oder in Ihren betrieblichen Geldbeutel strömt. Bei der **doppelten Buchführung** ist dagegen der Name Programm, denn sie erfasst prinzipiell jeden Vorgang doppelt. Sie ist damit viel aufwendiger und verlangt solide Buchführungskenntnisse.

Wie funktioniert die Einnahmen-Überschuss-Rechnung (EÜR)?

Der Aufbau der EÜR basiert im Wesentlichen auf den folgenden Grundregeln, die zugleich auch den Hauptunterschied zur doppelten Buchführung ausmachen:

Grundregeln der EÜR

- Gewinn = Betriebseinnahmen – Betriebsausgaben
- Geldflussbetrachtung
- 10-Tage-Regelung bei regelmäßig wiederkehrenden Einnahmen und Ausgaben zum Jahreswechsel
- Kein Ausweis und keine Bewertung von Betriebsvermögen
- Bruttoprinzip bei Verbuchung der Umsatzsteuer

Gewinn

Zunächst ganz einfach: Sie ermitteln den Gewinn bei der EÜR durch die Gegenüberstellung der Einnahmen und Ausgaben. Sie addieren Ihre betrieblichen Einnahmen und ziehen davon Ihre Betriebsausgaben ab. Die Differenz ist Ihr Gewinn – oder bei zu geringen Einnahmen oder zu hohen Ausgaben manchmal auch Ihr Verlust.

Geldflussbetrachtung

Die Einnahmen-Überschuss-Rechnung ist eine **Geldflussrechnung**. Das bedeutet: Sie haben erst Einnahmen, wenn Ihr Kunde zahlt, und Sie haben erst Ausgaben, wenn Sie Ihre Rechnung beglichen haben. Maßgebend ist also der Zeitpunkt, an dem Einnahmen zufließen oder Ausgaben abfließen. Wann die Rechnung gestellt wurde, ist nicht entscheidend.

Ein Beispiel: Die Rechnung, die Sie an Ihren Kunden im Dezember 2017 geschickt haben und die von Ihrem Kunden erst im Februar 2018 bezahlt wird, gehört in Ihre Gewinnermittlung 2018.

Das Geldflussprinzip ist auch bei Anzahlungen anzuwenden. Erhaltene Anzahlungen von Ihren Kunden sind sofort als Einnahmen zu deklarieren, selbst dann, wenn noch gar keine Leistung erbracht wurde. Gleiches gilt im umgekehrten Fall, wenn Sie Lieferanten oder Handwerker im Voraus für Leistungen bezahlen. Auch dann ist die Zahlung sogleich als Ausgabe zu erfassen.

Auf den Punkt gebracht: Die EÜR betrachtet nur die Bewegungen in der betrieblichen Geldbörse, also nur, was tatsächlich rein oder raus geht. Mit Geldbörse sind hier natürlich das Bankkonto und die Kasse gemeint.

Regelmäßig wiederkehrende Einnahmen und Ausgaben

Kein Prinzip ohne Ausnahmen. Das Geldflussprinzip ist nicht anzuwenden bei **regelmäßig wiederkehrenden Einnahmen und Ausgaben**, die zehn Tage vor Beginn oder nach Beendigung des Kalenderjahres entstehen (10-Tage-Regelung), also in den Zeitraum vom 22. Dezember bis zum 10. Januar fallen. Die Folge: Regelmäßig wiederkehrende Einnahmen und Ausgaben, die in diesen Zeitraum fallen, werden abweichend vom tatsächlichen Geldfluss steuerlich in dem Jahr berücksichtigt, zu dem sie wirtschaftlich gehören. Darum müssen Sie zum Beispiel die Dezember-Miete, die erst am 3. Januar vom Konto abgebucht wird, noch im alten Jahr als Aufwand erfassen. Umgekehrt: Zahlen Sie die Januar-Miete bereits am 27. Dezember, dann ist der Aufwand erst im neuen Jahr zu berücksichtigen.

Kein Ausweis und keine Bewertung von Betriebsvermögen

Sie erinnern sich: Der Gewinn bei der EÜR ermittelt sich durch die Gegenüberstellung der betrieblichen Einnahmen und Ausgaben nach dem Geldflussprinzip. Deswegen müssen bei der EÜR in ihrer einfachsten Form auch **kein Betriebsvermögen und keine Betriebsschulden** ausgewiesen werden.

Sie haben natürlich Betriebsvermögen in Ihrem Unternehmen, nur taucht es in Ihrer EÜR nicht auf. Der EÜR liegt der Gedanke zugrunde, dass jede Veränderung des Betriebsvermögens, die auf betrieblichen Geschäftsvorfällen basiert, sich irgendwann in Form von tatsächlichen Zuflüssen oder Abflüssen von Geld niederschlägt – zu erfassen sind nur die zugrunde liegenden Einnahmen und Ausgaben. Sprich: Forderungen und Verbindlichkeiten spielen keine Rolle – was für die EÜR zählt, ist allein die Zahlung der Rechnung. Eine Inventur des Warenbestands am Jahresende entfällt: Der Wareneinkauf führt bereits zum Zeitpunkt der Zahlung zu einer Betriebsausgabe. Wie viel von der Ware noch auf Lager ist oder tatsächlich verbraucht wurde, ist nicht relevant. Auch müssen Sie kein Kassenbuch führen, ein täglicher Kassensturz und die entsprechende Aufzeichnung genügt. Bei Unternehmen, deren Geschäfte überwiegend bar abgewickelt werden, ist jedoch die Führung eines Kassenbuchs zu empfehlen (z. B. in Bargeldbranchen wie Gastronomie oder Einzelhandel).

Aber auch hier gibt es Ausnahmen. Bei **abnutzbaren Anlagegütern** (z. B. Maschinen, Büroausstattung, Betriebs-Pkw) sind abweichend vom Geldflussprinzip die steuerlichen Abschreibungsgrundsätze zu beachten. Mit **Abschreibung** ist die Verteilung der Anschaffungskosten über die gesamte im Steuergesetz festgelegte fiktive Nutzungszeit gemeint. Das heißt: Wenn Sie eine Maschine oder ein anderes abnutzbares Anlagegut anschaffen, dürfen Sie nicht den vollen Kaufpreis im Anschaffungsjahr als Betriebsausgabe absetzen, sondern müssen ihn über mehrere Jahre abschreiben. Ausgaben für nicht abnutzbare Anlagegüter (z. B. Grundstücke) dürfen sogar erst dann steuerlich berücksichtigt werden, wenn Sie sie verkaufen oder aus dem Betriebsvermögen herausnehmen. Sie sind verpflichtet, ein gesondertes Anlageverzeichnis aller abnutzbaren und nicht abnutzbaren Anlagegüter zu erstellen (mehr dazu in diesem Teil, S. 91 ff.).

Bruttoprinzip bei der Umsatzsteuer

Nach der Philosophie der Einnahmen-Überschuss-Rechnung ist die *gezahlte und abgeführte Umsatzsteuer eine Betriebsausgabe*, während die *eingenommene und erstattete Umsatzsteuer als Betriebseinnahme* angesehen wird. Das nennt man auf Buchhalterdeutsch dann Bruttoprinzip bei der Verbuchung der Umsatzsteuer. Letztendlich gleichen sich diese vier Umsatzsteuerposten immer aus, da die Umsatzsteuer gewinnneutral ist.

Genauer: Sie müssen die in den Kundenzahlungen enthaltene Umsatzsteuer erst einmal als Einnahme verbuchen. Zahlen Sie den Betrag dann im Rahmen Ihrer Umsatzsteuer-Voranmeldung ans Finanzamt, entsteht eine Ausgabe.

Bei gezahlten Rechnungen wird genau umgekehrt verfahren. Die an Lieferanten gezahlte Vorsteuer ist Betriebsausgabe und wird bei Erstattung durch den Fiskus als Einnahme verbucht. Per saldo ist die Umsatzsteuer damit ein durchlaufender Posten, nur dass die Beträge zeitlich getrennt eingehen und abfließen.

Sie können Ihren Gewinn im laufenden Jahr drücken, indem Sie den Geldfluss Ihrer Einnahmen und Ausgaben steuern. Zum Jahreswechsel zahlen Sie Betriebsausgaben noch schnell im laufenden Jahr oder leisten für künftige Aufwendungen sogar Abschlagszahlungen. Oder: Sie verlagern Ihre Einnahmen ins nächste Jahr, indem Sie die Rechnungsstellung etwas verzögern oder Ihren Kunden ein längeres Zahlungsziel einräumen. Wollen Sie im nächsten Jahr einen niedrigeren Gewinn ausweisen, dann verfahren Sie einfach umgekehrt.

Steuerzahler = Einer, der keinen Fähigkeitsnachweis braucht, um für den Staat zu arbeiten.
(*Unbekannt*)

Einnahmen-Überschuss-Rechnung „handgemacht“

Mit diesen Grundregeln in Ihrem Werkzeugkoffer sind Sie gut gerüstet, ab jetzt Ihre Einnahmen-Überschuss-Rechnung selber zu machen – ohne tief greifende Buchführungskenntnisse und ohne ein EDV-Buchführungsprogramm zu besitzen.

Beachten Sie: Die Einnahmen-Überschuss-Rechnung „per Hand“ eignet sich hauptsächlich für kleine Unternehmen und Freiberufler mit überschaubarem Geschäftsbetrieb. Sobald er größer und komplexer wird, ist ein Buchführungsprogramm empfehlenswert. Aber Vorsicht: Die meisten Buchführungsprogramme machen die Einnahmen-Überschuss-Rechnung unnötig kompliziert, da die Anwendungslogik auf dem schwer verständlichen System der doppelten Buchführung basiert. Konkret heißt das: Sie brauchen gute Buchführungskenntnisse für die Bedienung dieser Programme.

Sie bekommen im Folgenden eine Einnahmen-Überschuss-Rechnung „handgemacht“ vorgestellt, die in der Praxis leicht umsetzbar ist und die Sie ohne besondere kaufmännische Vorkenntnisse selbst erledigen können. Ein gesundes Zahlenverständnis sowie Grundwissen in der Handhabung eines Tabellenkalkulationsprogramms (z. B. Excel) sind ausreichend.

Zutatenliste für die „EÜR per Hand"

- vier Bürokörbchen, beschriftet mit „Eingangsrechnungen offen", „Eingangsrechnungen bezahlt", „Ausgangsrechnungen offen" und „Ausgangsrechnungen bezahlt"
- drei Aktenordner, beschriftet mit „Belege EÜR", „Finanzamt", „Kontoauszüge/Kasse"
- Trennstreifen oder Register
- Tabellenkalkulationsprogramm (z. B. Excel)

Vom Schuhkarton zum geordneten Ablagesystem

Die berühmte „Schuhkartonablage" – Karton auf, Beleg rein, Karton zu – ist nicht wirklich hilfreich, wenn Sie den Überblick über Ihre Finanzen behalten möchten. Daran ändert auch ein größerer oder zweiter Schuhkarton nichts. Denn wenn Sie am Jahresende feststellen, dass der Schuhkarton mit den Ausgabebelegen voller ist als der mit den Einnahmebelegen, ist es meistens zu spät! Eine vollständige und systematische Belegsammlung zu führen, zählt zu den wichtigsten Aufgaben des Selbstständigen. Am besten richten Sie von Anfang an ein geordnetes Ablagesystem ein! So vermeiden Sie, dass der Ablagestapel und Ihr schlechtes Gewissen in den Himmel wachsen. Es gibt kein perfektes oder allgemeingültiges Ablagesystem, das für alle passt. Richten Sie Ihr System daher nach Gusto ein. Wichtig ist nur: Sie brauchen ein Instrument, das Ihnen hilft, jederzeit Ihre Finanzen im Blick zu haben.

Das nachfolgend erklärte Ablagesystem lässt sich leicht praktizieren und eignet sich vor allem für die Einnahmen-Überschuss-Rechnung „per Hand". Das Ablegen gliedert sich in zwei Etappen:

1. **Belegsortierung im laufenden Monat**
2. **Ablage der Belege nach Abgabe der monatlichen Umsatzsteuer-Voranmeldung**

Hinweis: Als Existenzgründer sind Sie grundsätzlich verpflichtet, monatliche Umsatzsteuer-Voranmeldungen abzugeben, sofern Sie nicht als umsatzsteuerlicher Kleinunternehmer starten oder zu einer umsatzsteuerbefreiten Berufsgruppe gehören.

Und so geht‘s:

1. Etappe: Im laufenden Monat legen Sie die Rechnungen, die Sie erhalten (Eingangsrechnungen), in das Körbchen „Eingangsrechnungen offen“ und Rechnungen, die Sie an Kunden schicken (Ausgangsrechnungen), in das Körbchen „Ausgangsrechnungen offen“. Bezahlt Ihr Kunde, wandert die dazugehörige Rechnung in das Körbchen „Ausgangsrechnungen bezahlt“. Haben Sie Ihre offene Rechnung beglichen, dann sortieren Sie den entsprechenden Beleg in das Körbchen „Eingangsrechnungen bezahlt“. Vermerken Sie beim Umsortieren gleich auch das Zahlungsdatum auf der Rechnung und am besten nummerieren Sie sie noch, das hilft Ihnen später, den Bezug zu Ihrem Tabellenkalkulationsprogramm herzustellen, und zugleich dokumentiert es die Vollständigkeit der Belege. Sortieren Sie sonstige Steuerunterlagen wie z. B. Anmeldungen, Steuerbescheide oder Korrespondenz mit dem Finanzamt gleich in den Ordner „Finanzamt“ und die Kontoauszüge und Kassenaufzeichnungen in den Ordner „Kontoauszüge/Kasse“.

Ist der Monat vorüber und Sie wollen Ihre Umsatzsteuer-Voranmeldung angehen, dann nehmen Sie einfach alle Belege aus den Körbchen „Eingangsrechnungen bezahlt“ und „Ausgangsrechnungen bezahlt“ (Kasseneinnahmen nicht vergessen!) und los geht‘s mit Ihrer Umsatzsteuer-Voranmeldung (weiterführend hierzu siehe Teil IV, S. 115 ff). Das erste Etappenziel ist erreicht!

Der Clou: Sie sehen am Monatsende auch sofort Ihre unbezahlten Eingangs- und Ausgangsrechnungen – das sind alle Belege in den Körbchen „offen“. So schaffen Sie sich eine einfache **Offene-Posten-Buchhaltung**, mit der Sie im Blick haben, von wem Sie noch Geld bekommen.

2. Etappe: Sie haben die monatliche Umsatzsteuer-Voranmeldung gemeistert! Super, dann legen Sie die Belege in den Aktenordner „Belege EÜR" ab und zeitgleich können Sie Ihre Einnahmen und Ausgaben im Tabellenkalkulationsprogramm erfassen (mehr dazu unten). Heften Sie die einzelnen Belege nach verschiedenen Einnahmen- und Ausgabenarten sortiert und innerhalb der jeweiligen Kategorie in der zeitlichen Reihenfolge ab. Bei der Aufgliederung der Einnahmen und Ausgaben macht das Finanzamt Ihnen gewisse Vorgaben. Es verlangt von Selbstständigen, deren Betriebseinnahmen pro Jahr 17.500 € übersteigen, dass sie mit der Einkommensteuererklärung den Vordruck „Anlage EÜR" abgeben. Mit anderen Worten: Sie müssen für den Fiskus Ihre Einnahmen-Überschuss-Rechnung nach einer vorgegebenen Form aufgliedern. Dies gilt auch, wenn Ihre Betriebseinnahmen zwar unter der Schwelle von 17.500 € liegen, Sie aber umsatzsteuerpflichtige Betriebseinnahmen erzielen.

Um Missverständnissen vorzubeugen: Sie dürfen selbstverständlich auch eine von der „Anlage EÜR" abweichende sachliche Gliederung Ihrer Buchhaltung vornehmen! Nur haben Sie es natürlich später bei der Steuererklärung einfacher, wenn die Einnahmen- und Ausgabenposten Ihrer laufenden Buchführung mit den Eingabefeldern des EÜR-Formulars übereinstimmen.

Der Fiskus erwartet von Ihrer Buchführung, dass auch ein sachkundiger Fremder sich problemlos darin zurechtfinden kann („Grundsätze ordnungsgemäßer Buchführung"). Also muss jeder Beleg – auch für Fremde – ohne langes Suchen auffindbar sein. Am Einfachsten erreichen Sie dies, indem Sie für Ihren Ordner ein Inhaltsverzeichnis erstellen, aus dem sich die gewählte Aufteilung ergibt. Für die einzelnen Einnahmen- und Ausgabenarten erstellen Sie entsprechende Trennstreifen oder Register und heften diese nach Ihrem Inhaltsverzeichnis in den Ordner. Doch wie gliedern Sie Ihre Einnahmen und Ausgaben am besten auf?

Die wichtigsten Einnahmen- und Ausgabenarten

Weniger ist manchmal auch in der Buchführung mehr. Sie brauchen keine Monster-Kontenrahmen mit Hunderten Einnahmen- und Ausgabenpositionen (sprich: Konten), wie das üblicherweise Buchführungsprogramme offerieren. Mit wenigen Positionen kommen Sie gut durch die Praxis. Orientieren Sie sich an dem Formular „Anlage EÜR“ (siehe Anhang). Lassen Sie in Ihrer Übersicht die Einnahmen- und Ausgabenkategorien einfach weg, die nicht auf Ihr Unternehmen zutreffen. In der folgenden Tabelle finden Sie eine Auswahl der in der Praxis häufig benutzten Einnahmen- und Ausgabenarten. Hinter der Bezeichnung ist jeweils auch das Eingabefeld des EÜR-Formulars angegeben; so können Sie Ihre Werte später bei der Steuererklärung einfacher übertragen.

Bezeichnung	Zeile Anlage EÜR 2018
Betriebseinnahmen	
- Einnahmen (getrennt nach Steuersätzen und umsatzsteuerfreien Einnahmen)	11 – 15
- Privatanteile (Entnahmen, z. B. Kfz-Nutzung, Telefonnutzung, Wirtschaftsgüter)	18 – 20
- Umsatzsteuer (vereinnahmte und vom Finanzamt erstattete Umsatzsteuer)	16 + 17
Betriebsausgaben	
- Materialausgaben (inklusive Fremdleistungen)	25 + 26
- Personalkosten (inklusive Sozialabgaben)	27
- Abschreibungen (getrennt nach beweglichen und immateriellen Anlagegütern, geringwertigen Wirtschaftsgütern, Sammelposten)	28 – 34
- Restbuchwert ausgeschiedener Anlagegüter	35
- Raumkosten und sonstige Grundstückskosten (ohne Arbeitszimmer)	36 - 38
- Sonstige unbeschränkt abzugsfähige Ausgaben (Werbe-, Reise-, Fortbildungs-, Beratungs-, Telekommunikations-, Versicherungs-, Büromaterialkosten, Zinsen etc.)	39 – 47, 51

- Beschränkt abzugsfähige Ausgaben und Gewerbesteuer (Geschenke, Bewirtung, Arbeitszimmer, Verpflegungsaufwand)	52 – 57
- Kfz-Kosten	58–63
- Gezahlte Vorsteuer	48
- Umsatzsteuer-Zahllast	49

Bis zum Jahresende heften Sie nun monatlich Ihre Belege unter den entsprechenden Kategorien ab. Dann haben Sie es fast geschafft. Jetzt kommt nur noch der Endspurt. Nach Ablauf des Jahres addieren Sie – **natürlich mit den Grundregeln der Einnahmen-Überschuss-Rechnung fest im Hinterkopf** – die einzelnen Einnahmen- und Ausgabenpositionen und tragen die jeweiligen Summen in die dafür vorgesehene Zeile der „Anlage EÜR“ ein. Die Differenz der Summe Ihrer Einnahmen und Ausgaben ist Ihr Gewinn. Den Gewinn tragen Sie außerdem in die „Anlage G“ (für Einkünfte aus Gewerbebetrieb) bzw. in die „Anlage S“ (für Einkünfte aus selbstständiger Arbeit) ein. Dann noch ein Verzeichnis für Ihre Anlagegüter erstellen (mehr dazu in diesem Teil, S. 91 ff.) und die Werte in die Anlage „AVEÜR“ (Anlageverzeichnis zur Anlage EÜR) übertragen. Fertig! Alles zusammen reichen Sie mit Ihrer Einkommensteuererklärung beim Finanzamt ein. Kein Hexenwerk, oder?

Damit haben Sie Ihre steuerlichen Aufzeichnungsvorschriften erfüllt, denn grundsätzlich genügen eine geordnete Belegsammlung und die Übertragung Ihrer Einnahmen und Ausgaben in die amtlichen Formulare. Sie müssen die Belege nicht separat in einem Tabellenkalkulationsprogramm oder gar Buchführungsprogramm erfassen. Wenn Sie aber Ihre Finanzen fest im Auge behalten wollen, empfiehlt es sich, zusätzlich Ihre Einnahmen und Ausgaben in einem Tabellenkalkulationsprogramm (z. B. Excel) zusammenzustellen.

! Gut zu wissen: Sämtliche Belege über Ihre Einnahmen und Ausgaben sowie Kontoauszüge müssen selbstverständlich auch aufbewahrt werden (mehr dazu in Teil V, S. 213 ff.). Sie bleiben aber im eigenen Büro! Das Finanzamt bekommt zunächst einmal nur Ihre Einnahmen-Überschuss-Rechnung zu Gesicht – mehr erst in späteren Jahren im Rahmen einer eventuellen Betriebsprüfung. Erst dann werden Ihre Belege unter die Lupe genommen und es wird geprüft, ob Ihre Buchführung in Ordnung ist und der Gewinn richtig ermittelt wurde.

Ein Vorteil der Einnahmen-Überschuss-Rechnung „handgemacht" ist, dass Sie vor den modernen Methoden der elektronischen Betriebsprüfung sicher sind. Der Betriebsprüfer muss sich – ganz klassisch – durch die Berge von Belegen wühlen. Benutzen Sie dagegen ein Buchführungsprogramm, kann der Prüfer die elektronischen Daten mittels einer Prüfsoftware in Sekundenschnelle auf Unstimmigkeiten prüfen.

Einnahmen-Überschuss-Rechnung mittels Excel

Die geordnete Belegsammlung und deren Aufbewahrung ist die steuerliche „Pflicht". Die „Kür" besteht darin, Ihre Einnahmen-Überschuss-Rechnung mittels eines Tabellenkalkulationsprogramms, wie etwa Excel, aufzubereiten, um jederzeit Klarheit über Ihre wirtschaftliche Situation zu haben. Denn ein wichtiger Grundsatz für Selbstständige lautet: Seine Finanzen fest im Blick zu haben – auch mit einfachen Mitteln –, ist eine zwingende Voraussetzung für wirtschaftlichen Erfolg.

Und so können Sie vorgehen: Erstellen Sie eine Tabelle für jeden Monat und eine eigene für die Jahressummen (verknüpfen Sie die Jahrestabelle mit allen Monatstabellen, um die Jahreswerte zu erhalten). Ihre Einnahmen- und Ausgabenkategorien gliedern

Sie nach der obigen Übersicht. Lassen Sie in Ihrer Übersicht die Einnahmen- und Ausgabenpositionen weg, die Sie nicht brauchen. Umgekehrt dürfen Sie natürlich die einzelnen Posten der „Anlage EÜR" noch detaillierter untergliedern – je nach Ihrem persönlichen Geschmack und betrieblicher Zweckmäßigkeit.

In jeder Tabelle legen Sie jeweils eine Spalte „Zahlungsdatum", „Text" und eine individuell benannte Spalte für jede einzelne Einnahmen- oder Ausgabenart an. Sie haben also für jede Buchung, d. h. pro Beleg, mindestens drei Felder auszufüllen. Als Text geben Sie am besten bei Einnahmen den Kundennamen und die Rechnungsnummer, bei Ausgaben den Lieferantennamen und die Rechnungsnummer oder die Art der Leistung bzw. Lieferung ein. Zusätzlich können Sie eine Spalte für die „Belegnummer" einfügen. Nummerieren Sie Ihre Belege und synchronisieren Sie die Belegnummern mit Ihrem Tabellenblatt, dann finden Sie Ihre Belege leichter. Bei Ihrer internen Nummerierung empfiehlt es sich, danach zu unterscheiden, ob der Beleg über die Bank oder bar bezahlt wurde. Genauer: Bei Bankbelegen können Sie als Belegnummer einfach die Nummer des Kontoauszugs übernehmen, zum Beispiel beginnend mit „KA 2017/1" (KA = Kontoauszug). Barbelege nummerieren Sie chronologisch, starten Sie etwa mit „BA 1" (BA = Barbeleg).

Beachten Sie: Unterliegen Sie der Umsatzsteuer, dann tragen Sie bei den Einnahmen und bei den Ausgaben Nettobeträge ein und weisen die Umsatzsteuer bzw. Vorsteuer in einer gesonderten Spalte „vereinnahmte Umsatzsteuer" bzw. „gezahlte Vorsteuer" aus. Die Summe der vereinnahmten Umsatzsteuer bzw. der gezahlten Vorsteuer der einzelnen Einnahmen- und Ausgabenarten lässt sich in der Summenzeile ablesen. Wer nicht der Umsatzsteuer unterliegt, wie etwa Kleinunternehmer oder umsatzsteuerbefreite Berufsgruppen (z. B. Ärzte), weist seine Betriebsausgaben mit Bruttowerten aus.

Übrigens: Einige Ausgabenarten, wie z. B. Personalkosten nebst Sozialabgaben, Versicherungen, Zinsen oder Porto, unterliegen ohnehin nicht der Umsatzsteuer – insofern müssen Sie aus diesen Beträgen auch keine Vorsteuer herausrechnen.

Die Grundsystematik der Einnahmen-Überschuss-Rechnung mittels Excel ist in dem nachstehenden Beispiel verdeutlicht.

Beispiel: Tabellarische Aufzeichnung der Einnahmen und Ausgaben

Der Rechtsanwalt Rechthaber hat für den Monat März seine Einnahmen und Ausgaben in einer Tabellenkalkulation zusammengefasst. Als Einnahmen verzeichnet er Honorarerlöse in Höhe von 595 € brutto, als Ausgaben 119 € brutto an Telefonkosten, von denen 30 % privat veranlasst sind. Im März hatte er Barausgaben für Büromaterial von 5,95 € brutto. Die Umsatzsteuerzahlung für den Voranmeldungszeitraum Februar beträgt 150 €.

			Einnahmen-Überschuss-Rechnung März						
			Betriebseinnahmen			**Betriebsausgaben**			
Zahlungs-datum	**Belegnr.**	**Text**	**Honorar-erlöse**	**Privat-anteile**	**USt 19 %**	**USt an FA gezahlt**	**Telefon**	**Büro-material**	**Vor-steuer**
02.03.	KA 2017/7	RE Nr. 12/2017	500,00 €		95,00 €				
05.03	KA 2017/7	Telefon Februar					-100,00 €		-19,00 €
		Privatanteil Telefon		30,00 €	5,70 €				
10.03	KA 2017/8	USt-Voranmeldung Februar				-150,00 €			
24.03	BA 14	Kopierpapier						-5,00 €	-0,95 €
Zwischensumme			**500,00 €**	**30,00 €**	**100,70 €**	**-150,00 €**	**-100,00 €**	**-5,00 €**	**-19,95 €**
Summe Betriebseinnahmen **Summe Betriebsausgaben**									**630,70 €** **-274,95 €**
Gewinn (+) / Verlust (-) März									**355,75 €**
Umsatzsteuer **Vorsteuer**									**100,70 €** **-19,95 €**
Umsatzsteuerzahllast März									**80,75 €**

! Gut zu wissen: Umsatzsteuer-Zahllast ermitteln

Da Sie in Ihrer Tabellenkalkulation bei den Einnahmen und Ausgaben jeweils eine Spalte für die Umsatzsteuer bzw. Vorsteuer eingefügt haben, können Sie im Handumdrehen die relevanten Zahlen für Ihre monatliche Umsatzsteuer-Voranmeldung ermitteln. Nehmen Sie für den jeweiligen Monat aus Ihrer Tabelle die von Ihren Kunden erhaltene Umsatzsteuer und ziehen Sie die gezahlte Vorsteuer davon ab. Die Differenz ist die Umsatzsteuerzahllast, die Sie an das Finanzamt abführen müssen (zur Umsatzsteuer-Voranmeldung siehe Teil IV, S. 115 ff.).

Hinweis: Ablage bei Einsatz eines Buchführungsprogramms

Wenn Sie über ein Buchführungsprogramm buchen, ist es sinnvoll, alle Belege konsequent nach ihrer zeitlichen Reihenfolge abzuheften. Trennen Sie dafür zunächst die Barbelege von den Rechnungen, die über Ihr Bankkonto geflossen sind. Anschließend heften Sie die Bankbelege hinter den jeweiligen Kontoauszug und die Barbelege sortieren Sie nach Datum. So finden Sie schnell vom jeweiligen Buchungskonto (Bank, Kasse usw.) in Ihrer EDV-Buchführung zum abgehefteten Beleg.

Grundsätzlich gilt: „Keep it simple." Solange Sie im Rahmen eines überschaubaren Geschäftsbetriebs tätig sind, nutzen Sie das Instrument der Einnahmen-Überschuss-Rechnung. Sie hilft Ihnen auf einfachem Wege, Ihre Finanzen gut im Auge zu behalten.

Bilanzierung (doppelte Buchführung)

Nomen est omen – aber lassen Sie sich von dem Namen nicht hinters Licht führen! Der Begriff doppelte Buchführung kommt keineswegs daher, dass so mancher Unternehmer zwei Buchführungen parallel betreibt: zum einen die „richtige" für eigene Informationszwecke und zum andern eine zweite, leicht modifizierte für das Finanzamt. Getreu der alten Kaufmannsweisheit: Lieber das Finanzamt bescheißen als sich selbst. Nein! Der Name kommt vielmehr von der Buchungssystematik. Die doppelte Buchführung erfasst prinzipiell jeden Geschäftsvorgang doppelt. Einmal wird bei der Rechnungsstellung gebucht, also wenn Sie eine Rechnung an einen Kunden stellen (Forderung) oder wenn Sie eine Rechnung erhalten (Verbindlichkeit). Eine zweite Buchung erfolgt jeweils bei der Zahlung. Und weil bei jeder Buchung immer zwei Buchhaltungskonten angesprochen werden (Buchungssatz: „Soll an Haben"), wird jeder Geschäftsvorfall genau genommen sogar „vierfach" erfasst (2 Buchungen × 2 Konten).

Beispiel: Sie schreiben eine Rechnung an einen Kunden. Daraufhin erfassen Sie bei der doppelten Buchführung sofort einen Ertrag und zugleich eine Forderung gegenüber Ihrem Kunden (Buchungssatz: „Forderung" an „Ertrag"). Wenn die Zahlung erfolgt, berücksichtigen Sie den Geldeingang auf dem Bankkonto und die Forderung buchen Sie aus, weil sie beglichen wurde (Buchungssatz: „Bank" an „Forderung").

Hää! Alles verstanden? Ich hoffe, Ihr Schaden hat kein Gehirn genommen. Genau das ist der große Nachteil der doppelten Buchführung. Sie ist mit dem gesunden Menschenverstand nur schwer zu begreifen. Wenn Sie Ihre doppelte Buchführung in Eigenregie stemmen wollen, brauchen Sie erstens eine große Affinität zu der Materie oder masochistische Neigungen und zweitens ein mehr als üppiges Grundwissen im Bereich Buchführung und Steuern. Haben Sie beides nicht, dann lassen Sie lieber die Finger davon, bevor Sie sich geistig verletzen, und übergeben den ganzen Salat einem Profi. Wenn Sie nur den Ehrgeiz, aber nicht das entsprechende Vorwissen haben, dann sollten Sie sich klarmachen, dass es etwa so viel Zeit braucht, sich in den Stoff einigermaßen fachkundig einzuarbeiten, wie Odysseus auf den Weltmeeren umherirrte – na ja, vielleicht nicht ganz so lang. Aber wertvolle Zeit, die in Ihr Kerngeschäft sicher besser investiert ist, vor allem in der schwierigen Aufbauphase. Seien Sie realistisch bei der Einschätzung Ihres Vorwissens: Wenn einmal das Thema Buchführung in der kaufmännischen Ausbildung oder im Studium auf dem Programm gestanden hat, reicht das definitiv nicht aus, um finanzamtssicher „Bücher" zu führen. Was zählt, ist Praxiswissen und nicht Papierweisheiten – ohne praktische Vorkenntnisse werden Sie es schwer haben!

Die doppelte Buchführung ist ein „Buch mit sieben Siegeln", ziemlich umfangreich und mit kniffligen Inhalten prall gefüllt. Es ist unmöglich, Ihnen auf wenigen Seiten die komplette Story zu erklären. Um den Rahmen dieses Büchleins nicht zu sprengen, gibt's daher nur einen Einblick in die Geheimlehre „Bilanzierung". Aber: ein Einblick, der Ihnen gewiss hilft, Ihrem Steuerberater kompetent auf den Zahn zu fühlen oder mit dem Banker auf Augenhöhe zu kommunizieren.

Bei der doppelten Buchführung müssen Sie zwei Rechenwerke erstellen: eine Bilanz und eine Gewinn-und-Verlust-Rechnung. Beide Rechenwerke sind über die doppelte Buchungslogik miteinander verzahnt, sodass am Ende des Tages die Bilanz und die Gewinn-und-Verlust-Rechnung denselben Gewinn ausweisen. Bilanz und Gewinn-und-Verlust-Rechnung bilden zusammen den Jahresabschluss. Kapitalgesellschaften und bestimmte Personengesellschaften müssen zusätzlich noch einen Anhang erstellen, in dem sie die Posten der Bilanz und der Gewinn-und-Verlust-Rechnung erläutern.

Was ist eine Bilanz?

Der Begriff „Bilanz" leitet sich vom italienischen „Bilancia" ab und bedeutet übersetzt „Waage". Die Bilanz ist eine Übersicht der Vermögenswerte und Schulden Ihres Unternehmens. Ähnlich einer altertümlichen Waage hat sie zwei Seiten: Auf der linken Seite (Aktiva) werden die Vermögensgegenstände (z. B. Grundstücke, Maschinen, Forderungen) ausgewiesen und auf der rechten Seite (Passiva) stehen die Schulden und das Eigenkapital. Beide Seiten, also Aktiva und Passiva, müssen wertmäßig immer gleich sein – wenn nicht, dann haben Sie einen Fehler in Ihrer Buchführung gemacht.

Der Gewinn wird durch den Vergleich des Eigenkapitals des aktuellen Jahres mit dem des Vorjahres ermittelt. Genauer: Der Gewinn ist die Differenz zwischen dem Eigenkapital zum Ende des aktuellen Jahres und dem des Vorjahres, vermehrt um Entnahmen und vermindert um die Einlagen. Am Zahlenbeispiel wird es deutlich: Ist das Eigenkapital von einer Jahresbilanz zur nächsten um 20.000 € gestiegen, bedeutet dies nicht unbedingt einen Gewinn in derselben Höhe. Wenn Sie nämlich im selben Jahr auch Entnahmen in Höhe von 30.000 € und Einlagen von 5.000 € getätigt haben, sind diese noch zu berücksichtigen. Nach Adam Riese ermittelt sich somit ein Gewinn von 45.000 € (= 20.000 € Eigenkapitalvergleich + 30.000 € Entnahmen – 5.000 € Einlagen).

Wen's interessiert: Adam Riese war ein deutscher Mathematiker im 16. Jahrhundert, er gilt allgemein als „Vater des modernen Rechnens".

Was ist eine Gewinn-und-Verlust-Rechnung?

Die Gewinn-und-Verlust-Rechnung ist die Gegenüberstellung von Erträgen und Aufwendungen eines Jahres. Sie darf nicht verwechselt werden mit der Einnahmen-Überschuss-Rechnung. Beide ähneln sich zwar, sind aber doch unterschiedlich. Die Einnahmen-Überschuss-Rechnung betrachtet die Geschäftsvorfälle rein statisch. Das heißt: Sie blickt auf das abgelaufene Geschäftsjahr zurück und erfasst nur die tatsächlich zugeflossenen Einnahmen und abgeflossenen Ausgaben (Geldflussprinzip). Die Gewinn-und-Verlust-Rechnung betrachtet die Geschäftsvorfälle dagegen dynamisch, das bedeutet, sie schaut nicht nur zurück, sondern blickt auch in die Zukunft.

In der Gewinn-und-Verlust-Rechnung erfassen Sie sowohl eingenommene als auch zu erwartende Erträge sowie bezahlte und zu erwartende Aufwendungen. Der Zahlungszeitpunkt ist nicht entscheidend, sondern die **wirtschaftliche Entstehung** der Erträge und Aufwendungen. Also: Es kommt nicht darauf an, wann eine Rechnung bezahlt wurde, sondern wann die zugrunde liegende Leistung erbracht und die Rechnung gestellt wurde.

Einnahmen-Überschuss-Rechnung versus Bilanzierung

Tatsache ist: Gleichgültig, welche Gewinnermittlungsart Sie anwenden – über die Jahre hinweg versteuern Sie nach beiden Methoden denselben Gesamtgewinn. In einzelnen Jahren sind aber Gewinnverschiebungen möglich, weil beide Arten den Gewinn nach unterschiedlichen Prinzipien ermitteln. Erinnern Sie sich? Bei der Einnahmen-Überschuss-Rechnung gilt das Geldflussprinzip und bei der doppelten Buchführung das Prinzip der wirtschaftlichen Entstehung. Abhängig vom Geschäftsvorfall und der angewendeten Methode fällt der Gewinn also zeitlich früher oder später an. Aber über die Jahre gesehen ist der Gesamtgewinn nach beiden Gewinnermittlungsarten immer gleich.

Die folgenden Geschäftsvorfälle sollen Ihnen die Unterschiede zwischen der Einnahmen-Überschuss-Rechnung (EÜR) und der Bilanzierung verdeutlichen:

Betriebseinnahmen/Forderungen

EÜR: Forderungen spielen keine Rolle, weil der Zahlungseingang entscheidend ist. Betriebseinnahmen werden steuerlich zu dem Zeitpunkt erfasst, zu dem sie in Ihre Geldbörse fließen (Geldflussprinzip). Aber: Die 10-Tage-Regel bei wiederkehrenden Einnahmen am Jahresende ist zu beachten.

Bilanzierung: Betriebseinnahmen werden nach deren **wirtschaftlicher Entstehung** erfasst. Es zählt, wann die zugrunde liegende Leistung erbracht und die Rechnung gestellt wurde. Sobald Sie eine Ware verkaufen oder eine Dienstleistung erbringen, müssen Sie den Vorgang als Forderung buchen und damit auch als Ertrag versteuern – unabhängig davon, wann der Kunde zahlt.

Betriebsausgaben/Verbindlichkeiten

EÜR: Verbindlichkeiten tauchen nicht auf, weil nur der Zahlungsausgang zu berücksichtigen ist. Betriebsausgaben werden steuerlich zum Zeitpunkt des Geldabflusses erfasst. Beachte: Die 10-Tage-Regel bei wiederkehrenden Ausgaben am Jahresende ist anzuwenden.

Bilanzierung: Betriebsausgaben sind nach deren **wirtschaftlicher Entstehung** zu berücksichtigen. Sobald Sie eine Ware einkaufen oder eine Dienstleistung in Anspruch nehmen, müssen Sie den Vorgang als Verbindlichkeit buchen und zugleich als Aufwand erfassen – unabhängig davon, wann Sie die Rechnung zahlen.

Umlaufvermögen (Waren, Roh- , Hilfs- und Betriebsstoffe)

EÜR: Der Kaufpreis für die Ware ist sofort bei Zahlung in voller Höhe als Betriebsausgabe abzugsfähig. So mindern eingekaufte Waren auch dann den Gewinn, wenn sie zum Jahresende noch auf Lager sind. Der Fiskus fordert von Ihnen keine Aufzeichnung über Ihren Warenbestand. Sprich: Eine Inventur ist nicht erforderlich.

Bilanzierung: Entscheidend ist der Verbrauch der Ware und nicht, wie viel in einem Jahr eingekauft worden ist. Kaufen Sie Ware ein, gehört diese so lange zum Warenbestand, bis sie verkauft ist. Erst bei Verkauf sind der Einkaufspreis als Ausgabe und der Verkaufserlös als Einnahme zu berücksichtigen. Um die verbrauchte bzw. verkaufte Ware zu ermitteln, müssen Sie eine Inventur zum Jahresende machen. Eine Erhöhung des Warenbestands gegenüber dem Vorjahr wirkt sich steuerlich gewinnerhöhend aus, während ein Abbau des Warenbestands den Gewinn mindert.

Aufgepasst: Existenzgründer müssen besonders in der Startphase oft viel Geld in den Aufbau eines Warenlagers investieren. In der Einnahmen-Überschuss-Rechnung mindert der Lageraufbau sofort den Gewinn. Steuerlich kann diese Investition manchmal gar nicht genutzt werden oder es entsteht sogar ein Anlaufverlust. Bei der Bilanz zählt dagegen nur die verbrauchte Ware als Aufwand, sodass bei hohen Ausgaben für den Lageraufbau der Gewinn im Vergleich höher ausfällt. Manchmal fahren Sie deshalb besser, wenn Sie bilanzieren. Zum einen können Sie dadurch steuerliche Freibeträge nutzen, die ansonsten verloren gingen, zum anderen sieht es die Bank bei Kreditvergaben nicht gerne, wenn Sie Verluste ausweisen.

Anlagevermögen

EÜR/Bilanzierung: Bei der Behandlung von Anlagegütern bestehen keine Unterschiede zwischen der Einnahmen-Überschuss-Rechnung und der Bilanzierung. Mehr zur Behandlung von Anlagegütern erfahren Sie später.

Buchung der Umsatzsteuer

EÜR: Es gilt das Bruttoprinzip: Einnahmen und Ausgaben sind inklusive der Umsatzsteuer (brutto) zu erfassen. Die in Kundenzahlungen enthaltene Umsatzsteuer ist als Betriebseinnahme zu berücksichtigen, die in Betriebsausgaben enthaltene Vorsteuer als Betriebsausgabe. Umsatzsteuerzahlungen an das Finanzamt werden als Betriebsausgabe und Umsatzsteuererstattungen als Betriebseinnahme erfasst. Letztendlich gleichen sich diese vier Umsatzsteuerposten immer aus – wenn auch zeitlich getrennt –, sodass die Umsatzsteuer per saldo gewinnneutral ist.

Bilanzierung: Es gilt das Nettoprinzip. Das bedeutet: Umsatzsteuerbeträge tauchen in der Gewinn-und-Verlust-Rechnung erst gar nicht auf. Erträge und Aufwendungen sind ohne Umsatzsteuer (netto) zu buchen. Die Umsatzsteuer ist gewinnneutral.

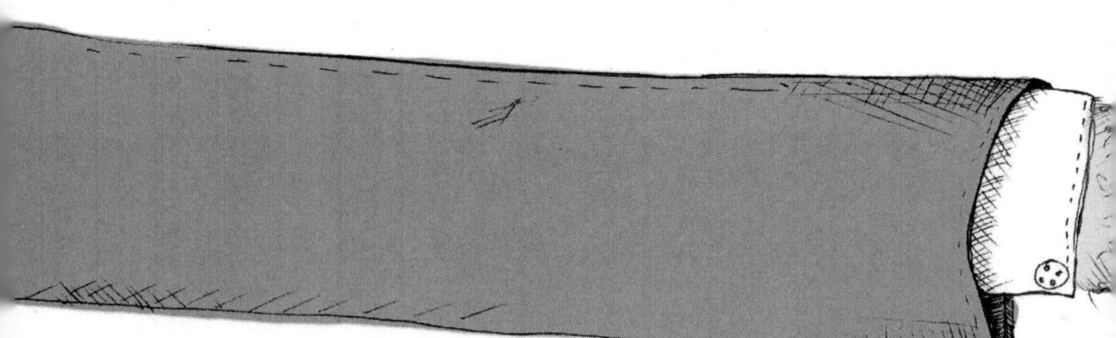

Bildung von Rückstellungen

EÜR: Rückstellungen können nicht gebildet werden. Erst die spätere tatsächliche Zahlung wird als Betriebsausgabe erfasst.

Bilanzierung: In der Bilanz sind Rückstellungen für künftige Betriebsausgaben zu bilden, die wirtschaftlich das laufende Jahr betreffen, aber dem Grund und/oder der Höhe nach ungewiss sind. Über den Bilanzposten Rückstellungen kann bereits Jahre vor der Zahlung der entsprechende Aufwand gebucht und damit der Gewinn gemindert werden. Beispiele sind Rückstellungen für die Kosten des Jahresabschlusses, Garantierückstellungen oder Prozesskostenrückstellungen.

Betriebseinnahmen

Grundsätzlich gilt: Alle Einnahmen, die Sie im Rahmen Ihrer selbstständigen Tätigkeit erzielen, sind in Ihrer Gewinnermittlung zu erfassen und letztlich zu versteuern.
Aufgepasst: Bei den Betriebseinnahmen unterscheiden Sie zwischen **originären** und **fiktiven Betriebseinnahmen.** Zu den **originären Betriebseinnahmen** zählt alles, was Sie durch den Verkauf Ihrer Waren und Dienstleistungen sowie durch den Verkauf von Betriebsgegenständen eingenommen haben.

Mit **fiktiven Betriebseinnahmen** sind sogenannte **Privatanteile** gemeint. Das sind Entnahmen aus dem Betriebsvermögen für private Zwecke oder die private Nutzung von betrieblichen Gegenständen wie auch die private Inanspruchnahme von betrieblichen Leistungen. Beispiele: Sie schenken einen betrieblichen PC Ihrer Tochter (Sachentnahme), Sie nutzen Ihren Geschäftswagen auch für Privatfahrten oder Sie telefonieren mit Ihrem Geschäftshandy privat (Privatnutzung).

Warum sind aber die Privatanteile als fiktive Betriebseinnahmen zu erfassen? Ganz einfach: Die Ausgaben für die privat entnommenen Betriebsgegenstände oder für die anteilige Privatnutzung dürfen den Gewinn nicht mindern, sind also steuerlich nicht abzugsfähig. Die Korrektur der Privatanteile erfolgt nicht durch eine anteilige Kürzung der Ausgaben, sondern durch die Berücksichtigung als fiktive Betriebseinnahme. Anders ausgedrückt: Was Sie privat verbrauchen, wird als **fiktive Lieferung oder Leistung gegen Entgelt** von Ihrem Unternehmen an Sie als Privatperson gewertet. Diese Privatanteile werden mit dem steuerlichen Teilwert angesetzt. Aus dem Fachchinesischen übersetzt heißt das: Der Teilwert ist regelmäßig nichts anderes als der aktuelle Marktwert.

Die Privatanteile unterliegen der Umsatzsteuer, sofern Sie nicht umsatzsteuerlicher Kleinunternehmer sind oder zu einer umsatzsteuerbefreiten Berufsgruppe (z. B. Ärzte) gehören. Das ist so, weil Sie zunächst beim Kauf des PC oder Pkw die gezahlte Vorsteuer vollständig geltend gemacht haben und somit die dem Privatanteil zuzurechnende Vorsteuer Ihnen zu Unrecht vom Fiskus erstattet wurde. Mit der Umsatzbesteuerung des Privatverbrauchs wird dies korrigiert.

Jetzt wird es klarer: Zahlenbeispiele

Sie haben Ihrer Tochter einen zuvor betrieblich angeschafften und genutzten PC geschenkt. Der aktuelle Wert des PC beträgt 100 € netto. Folge: Sie müssen 100 € als fiktive Betriebseinnahme erfassen, zuzüglich 19 % Umsatzsteuer, also 19 €.
Von Ihren Telefonkosten sind 30 % privat veranlasst. Bei jährlichen Gesamt-Telefonkosten von 500 € plus 19 % Umsatzsteuer müssen Sie als gewinnerhöhenden Privatanteil 150 € nebst 28,50 € Umsatzsteuer berücksichtigen.

Die Privatnutzung eines Geschäftswagens ist steuerlich recht kompliziert und verdient ein eigenes Kapitel (hierzu Teil V, S. 174 ff.).

Auf den Punkt gebracht: Die Verwendung von betrieblichen Gegenständen für private Zwecke ist als **fiktive Betriebseinnahme** zu versteuern. Zusätzlich fällt Umsatzsteuer an. Nur für Geldbeträge gilt diese Regel nicht, ihre Entnahme wirkt sich nicht auf den Gewinn aus.

Achtgegeben: Nicht zu den Betriebseinnahmen zählen …

- Darlehen: Wenn Sie einen Kredit aufnehmen, ist die Auszahlung des Kredits keine Betriebseinnahme und die spätere Rückzahlung des Kredits ist dann auch keine Betriebsausgabe.
- Durchlaufende Posten: Dies sind Beträge, die Sie erkennbar in fremdem Namen und für fremde Rechnung vereinnahmt haben und an Dritte weiterreichen müssen.
- Privateinlagen: Einlagen von privaten Gegenständen in den Betrieb sind zum Zeitpunkt der Einlage keine Betriebseinnahmen. Erst später, wenn sie verkauft werden, ist der Verkaufserlös als Betriebseinnahme zu erfassen.

Wann erfassen Sie die Umsatzsteuer als Betriebseinnahme?

Eines vorweg: Kleinunternehmer und umsatzsteuerbefreite Selbstständige (z. B. Ärzte) haben mit der Umsatzsteuer nichts am Hut. Dasselbe gilt für Selbstständige, die bilanzieren. Wissen Sie noch: Bei der doppelten Buchführung ist das Nettoprinzip anzuwenden. Weil Erträge und Aufwendungen netto gebucht werden, tauchen Umsatzsteuerbeträge in der Gewinn-und-Verlust-Rechnung erst gar nicht auf.

Nur bei Selbstständigen, die ihren Gewinn mithilfe der Einnahmen-Überschuss-Rechnung ermitteln, ist die Umsatzsteuer als Betriebseinnahme zu erfassen.

Genauer: Sie müssen die in den Kundenzahlungen enthaltene Umsatzsteuer und die vom Finanzamt erstattete Umsatzsteuer als Einnahmen berücksichtigen. Auch die Umsatzsteuer auf Ihre **Privatanteile** gehört zu den Betriebseinnahmen.

> Erst beim Abfassen der Steuererklärung kommt man dahinter, wie viel Geld man sparen würde, wenn man gar keines hätte. *(Fernandel, französischer Schauspieler)*

Betriebsausgaben

Betriebsausgaben sind Kosten, die Ihnen im Rahmen Ihres Gewerbebetriebs oder Ihrer freiberuflichen Tätigkeit entstehen, die also betrieblich veranlasst sind. Das heißt im Umkehrschluss: Privat veranlasste Kosten haben in Ihrer Gewinnermittlung nichts zu suchen. Betriebsausgaben sind also von den Kosten der privaten Lebensführung abzugrenzen. Bei Abgrenzungsschwierigkeiten stellen Sie sich einfach die Frage, ob die Kosten auch anfallen würden, wenn es Ihren Betrieb nicht gäbe. Wenn ja, dann handelt es sich regelmäßig nicht um Betriebsausgaben, sondern um private Kosten. Kosten der privaten Lebensführung sind insbesondere Ausgaben für den privaten Haushalt, für Essen und Trinken, für Kleidung und Freizeitaktivitäten. Private Kosten sind nicht auf betrieblicher Ebene steuerlich abzugsfähig, sie können jedoch unter Umständen, je nach Art und Anlass, als Sonderausgaben oder außergewöhnliche Belastungen in der Einkommensteuererklärung geltend gemacht werden (mehr dazu in Teil IV, S. 153 f.).

Alles unkompliziert, oder? Zumindest in den Fällen, in denen Ausgaben ausschließlich betrieblich oder ausschließlich privat verursacht sind. Ärger kann der Fiskus aber machen, wenn die Kosten nicht allein betrieblich veranlasst sind, sondern auch im Zusammenhang mit der privaten Lebensführung stehen, sogenannte **gemischte Ausgaben**. So gewährt das Finanzamt den Betriebsausgabenabzug regelmäßig nur dann, wenn der Privatanteil unter 10 % liegt und damit von untergeordneter Bedeutung ist oder der betriebliche Kostenanteil sich leicht und einwandfrei vom Privatvergnügen trennen lässt. Anders ausgedrückt: Ist bei gemischten Ausgaben eine nachvollziehbare Trennung zwischen privater und betrieblicher Veranlassung nicht möglich, sind die Kosten insgesamt nicht abzugsfähig. Als eindeutig trennbar gelten laut Rechtsprechung beispielsweise: Pkw-Kosten (trennbar durch Fahrtenbuch), Telefonkosten (trennbar durch Einheiten) oder Arbeitszimmer (trennbar durch Quadratmeter).

Ob Ausgaben *notwendig, üblich* oder *zweckmäßig* sind, beeinträchtigt zunächst nicht die betriebliche Veranlassung und die Abzugsfähigkeit. Unübliche Ausgaben können aber für den Fiskus ein gewichtiges Indiz sein, dass die Ausgaben überwiegend privat veranlasst sind. So dürfte das Finanzamt regelmäßig hellhörig werden und genauer nachhaken bei Ausgaben für den luxuriösen Sportwagen, für den neusten Plasma-TV, für die betriebliche Golfclubmitgliedschaft oder für die betriebseigene Sauna. Wer Teures von der Steuer absetzen will, muss gute Argumente ins Feld führen, damit der Fiskus nicht die Rote Karte zeigt.

§

Rechtsprechung zum Schmunzeln: Luxushandy ist keine Betriebsausgabe

Ein findiger Zahnarzt begehrte den steuerlichen Abzug seines mit Edelmetallen und Edelsteinen verzierten Luxushandys im Wert von 5.200 €. Das Finanzamt wie auch das Finanzgericht versagten die Anerkennung als Betriebsausgabe mit der Begründung, dass für den Geschäftserfolg eines Zahnarztes ein Luxushandy nicht bedeutend sei und ein „normales" Handy ausreiche, um die Erreichbarkeit des Zahnarztes an zwei bis drei Bereitschaftswochenenden im Jahr zu gewährleisten.

Auch die überaus stichhaltige Argumentation des Zahnarztes, dass er mit dem Luxushandy einen besonders guten Empfang habe, konnte den Richter nicht umstimmen. Nach Ansicht des Richters berührte die Anschaffung des Luxushandys so stark die private Lebensführung, dass die betriebliche Veranlassung vollständig zurücktrete. Setze man den Preis eines „normalen" Handys in Höhe von 300 € ins Verhältnis zum Preis des Luxushandys von 5.200 €, so ergebe sich ein betrieblicher Veranlassungsanteil von nur 5,8 %, der nach Meinung des Gerichts zu gering sei, um einen Betriebsausgabenabzug zu gewähren.

Pech gehabt! Na ja, zumindest bleibt dem Zahnarzt die Hoffnung, dass man sich „immer zweimal im Leben sieht" und der „uneinsichtige" Richter eines Tages bei ihm auf dem Behandlungsstuhl sitzt …

(FG Rheinland-Pfalz vom 14.07.2011, 6-K-2137/10)

Sie sehen: Der Fiskus ist etwas pingelig, wenn es darum geht, die Kosten für das Privatvergnügen von der Steuer abzusetzen. Das ist nur recht und billig!

Doch es gilt auch: Bei der Steuer ist auch das Unmögliche möglich. Es gibt nichts, was es (steuerlich) nicht gibt. Beispielsweise fallen grundsätzlich sexy Dessous in den Bereich der privaten Lebensführung und sind damit steuerlich nicht abzugsfähig. Was ist aber, wenn Sie eine Stripteasetänzerin sind? Ist dann die sexy Unterwäsche typische Arbeitskleidung? Sie haben gute Chancen auf eine steuerliche Anerkennung, wenn Sie dem Finanzamt – wie auch immer – glaubhaft nachweisen, dass Sie privat keine Unterwäsche tragen oder „baumwollene Liebestöter" bevorzugen, also nur zur Berufsausübung die Reizwäsche brauchen. Seien Sie also kreativ, wenn es um die Argumentation der betrieblichen Veranlassung für einzelne Kosten geht.

Betriebsausgabe ist nicht gleich Betriebsausgabe

Je nach Art der Betriebsausgaben können diese sofort, über mehrere Jahre verteilt (Abschreibung) oder erst zu einem späteren Zeitpunkt steuerlich abgezogen werden. Bestimmte Betriebsausgaben sind nicht oder nur beschränkt abzugsfähig. Mit Blick auf die Auswirkung auf den steuerlichen Gewinn sind also die folgenden Betriebsausgaben zu unterscheiden:

Arten von Betriebsausgaben

- Sofort abziehbare Betriebsausgaben
- Nicht sofort abziehbare Betriebsausgaben
- Nicht abziehbare und beschränkt abziehbare Betriebsausgaben
- Vorweggenommene Betriebsausgaben

Sofort abziehbare Betriebsausgaben

Zu den sofort abziehbaren Betriebsausgaben gehören alle betrieblichen laufenden Ausgaben wie z. B. Lohn- und Gehaltszahlungen, Miet- und Zinszahlungen, Telefonkosten, Porto, Büromaterial, Beratungskosten, Werbekosten etc.
Übrigens: Die Rückzahlung eines Firmenkredits ist keine Betriebsausgabe, nur die dafür gezahlten Zinsen sind abzugsfähig.

Nicht sofort abziehbare Betriebsausgaben

Zu den nicht sofort abziehbaren Betriebsausgaben zählen Ausgaben für die Anschaffung oder Herstellung von Anlagegütern. Anlagegüter sind betriebliche Gegenstände, die dazu gedacht sind, längerfristig in Ihrem Unternehmen zu verbleiben (> 1 Jahr). Bei abnutzbaren Anlagegütern (Maschinen, Pkw, Büromöbel) sind die Anschaffungs- oder Herstellungskosten nur ratenweise – über mehrere Jahre – abzugsfähig, steuerlich sind sie als sogenannte Abschreibungen zu berücksichtigen (mehr dazu auf S. 91 ff.).

Zu unterscheiden sind davon Ausgaben, die durch die Anschaffung von nicht abnutzbaren Anlagegütern entstehen, z. B. Grundstücken, Wertpapieren und Beteiligungen. In diesen Fällen gilt: Die Anschaffungs- oder Herstellungskosten sind erst dann als Betriebsausgaben zu erfassen, wenn die Anlagegüter verkauft oder aus dem Betriebsvermögen entnommen werden.

Beschränkt oder nicht abziehbare Betriebsausgaben

Bestimmte im Steuergesetz aufgezählte Betriebsausgaben sind nach dem Willen des Fiskus nur beschränkt oder gar nicht abziehbar. Zu den beschränkt oder nicht abziehbaren Betriebsausgaben zählen die folgenden:

- Geschenke an Geschäftsfreunde, deren Wert 35 € übersteigt, sind nicht abzugsfähig (siehe Teil V, S. 202 ff.).

- Kosten für die Bewirtung von Geschäftsfreunden sind nur zu 70 % abzugsfähig (siehe Teil V, S. 196 ff.).

- Mehraufwendungen für die Verpflegung auf Geschäftsreisen können für jeden Tag nur mit folgenden Pauschalen als Betriebsausgaben erfasst werden (siehe auch Teil V, S. 208):

  - bei Abwesenheit von 24 Stunden: 24 € (ab 2020: 28 €)
  - bei Abwesenheit von mind. 8 Stunden: 12 € (ab 2020: 14 €)

- Aufwendungen für ein häusliches Arbeitszimmer sind nur beschränkt abzugsfähig, es sei denn, dort befindet sich der Mittelpunkt Ihrer gesamten betrieblichen und beruflichen Tätigkeit (siehe Teil V, S. 191 ff.).

- Geldbußen, Ordnungsgelder und Verwarnungsgelder sind nicht abziehbar, ebenso Schmier- oder Bestechungsgelder.

  Ein Beispiel: Sie fahren mit Bleifuß zu einem Geschäftstermin, dabei macht die Polizei eine hübsche Porträtaufnahme von Ihnen. Die Folge: eine saftige Geldbuße. Die Zahlung ist nicht als Betriebsausgabe abzugsfähig.

Wichtig: Benennung von Zahlungsempfängern

Auf Verlangen des Finanzamts müssen Sie den Empfänger, an den Sie eine Betriebsausgabe gezahlt haben, genau benennen können – andernfalls wird Ihnen der Betriebsausgabenabzug versagt. Zweck dieser Regelung ist, Steuerausfälle für den Fiskus zu verhindern. Es soll sichergestellt werden, dass nicht nur die steuermindernde Betriebsausgabe bei Ihnen, sondern auch die damit korrespondierende Einnahme beim Geschäftspartner erfasst wird. Ihre Pflicht zur genauen Benennung des Zahlungsempfängers ist grundsätzlich erfüllt, wenn Sie sich eine **ordnungsgemäße Rechnung** geben lassen.

Vorweggenommene Betriebsausgaben

Keiner sollte planlos starten. Der weitsichtige Gründungswillige plant sorgfältig seine Existenzgründung, doch dadurch können bereits vor dem offiziellen Start Kosten entstehen. Der Fiskus unterstützt Sie in Ihrem Gründungsvorhaben, indem er auch Betriebsausgaben anerkennt, die Ihnen vor der Anmeldung Ihrer selbstständigen Tätigkeit entstanden sind. Verschenken Sie also kein Geld an das Finanzamt, weil Sie für die Vorlaufkosten keine Belege gesammelt haben.

Die sachlichen Anforderungen an die Abzugsfähigkeit von Gründungskosten unterscheiden sich nicht von denen normaler Betriebsausgaben. Es gilt auch hier: Die Kosten müssen betrieblich veranlasst sein. Einen „in Stein gemeißelten" Zeitpunkt, ab wann Gründungskosten steuerlich frühestens geltend gemacht werden können, gibt es nicht. Aber: Der wirtschaftliche Zusammenhang zwischen den Ausgaben und der Unternehmensgründung muss eindeutig erkennbar sein. Zeiträume von mehreren Monaten bis zu einem Jahr werden regelmäßig vom Fiskus akzeptiert.

Die Bandbreite an vorweggenommenen Betriebsausgaben ist groß, denken Sie nur an:

- Fortbildungskosten und Fachliteratur,
- Beratungskosten (Gründerberater, Steuerberater, Rechtsanwalt),
- Reisekosten (z. B. wegen Fortbildung, Beratungstermin, Gründermesse),
- Markterkundungskosten,
- Gebühren für Genehmigungen und Bescheinigungen,
- Büromaterial, Porto und Telekommunikationskosten.

Gut zu wissen: Gründungskosten sind selbst dann steuerlich abzugsfähig, wenn Sie von Ihrer Geschäftsidee Abstand nehmen. In diesem Fall müssen Sie jedoch dem Fiskus plausibel vortragen können, warum Sie schließlich „gekniffen" haben.

Mysterium Abschreibung

Abschreibung oder **Absetzung für Abnutzung**, kurz AfA – das klingt nach einem „klingonischen Schlachtruf". Aus dem Amtsdeutschen übersetzt heißt dies, dass Sie die Anschaffungs- oder Herstellungskosten eines abnutzbaren Anlagegutes nicht sofort vollständig als Betriebsausgabe absetzen können, sondern nur in jährlichen Raten über die gesamte Zeit der Nutzung. (*Für Star-Trek-Outsider: Die Klingonen sind ein außerirdisches, besonders kriegerisches Volk in den Star-Trek-Filmen.*)

Langlebige Anschaffungen wie beispielsweise Computer, Pkw oder Büromöbel sind also aus steuerlicher Sicht meistens ein weniger gutes Geschäft. Denn solche Anschaffungen müssen Sie sofort bezahlen, aber das Geld können Sie sich nur häppchenweise – auf mehrere Jahre verteilt – von der Steuer zurückholen. Auf den Punkt gebracht, bedeutet abschreiben also: „Sofort zahlen müssen und erst nach und nach von der Steuer absetzen dürfen."

So weit, so gut. Das heißt: Wenn Sie die ominösen Abschreibungen auf Ihr abnutzbares Anlagegut berechnen wollen, brauchen Sie die folgenden Informationen:

- Anschaffungs- oder Herstellungskosten
- Betriebsgewöhnliche Nutzungsdauer
- Zulässige Abschreibungsmethode

Der Reihe nach. Zuallererst: **Abnutzbare Anlagegüter** sind Gegenstände, die länger als ein Jahr im Betrieb genutzt werden und die durch die tägliche Nutzung an Wert verlieren. Dazu zählen typischerweise Computer, Faxgeräte, Maschinen, Autos oder Büromöbel. Dagegen spricht man bei Grundstücken, Finanzanlagen und Beteiligungen von **nicht abnutzbaren Anlagegütern**, da sie in der Regel keine Wertminderung durch den Gebrauch erleiden. Sie werden grundsätzlich nicht abgeschrieben.

Anschaffungs- oder Herstellungskosten

Kaufen Sie ein abnutzbares Anlagegut, dann sind die Anschaffungskosten im Wesentlichen mit dem gezahlten Kaufpreis identisch. Sogenannte **Anschaffungsnebenkosten** können noch hinzukommen, beispielsweise Kaufgebühren, Versandkosten, Transportkosten oder Montagekosten. Falls Sie Ihr Anlagegut selber herstellen, dürfen Sie als Herstellungskosten zunächst nur die Kosten für Material und Fertigung sowie den anteiligen Wertverzehr der verwendeten Maschinen ansetzen. Wenn Sie wollen, dürfen Sie auch anteilige Kosten für allgemeine Verwaltung, Sozialleistungen und Fremdkapitalzinsen in die Herstellungskosten mit einbeziehen. Aber Achtung: Die in die Herstellungskosten miteinbezogenen Kosten dürfen Sie dann nicht mehr sofort voll als Betriebsausgaben abziehen.

Wichtig:

Umsatzsteuer auf Ihre Investition ist sofort erstattungsfähig
Den Umsatzsteueranteil, der auf der Rechnung Ihrer Anschaffung ausgewiesen ist, können Sie sich – sofern Sie ein umsatzsteuerpflichtiger Unternehmer sind – sofort in voller Höhe bei Ihrer nächsten Umsatzsteuervoranmeldung als Vorsteuer zurückholen. In diesem Fall gehört die gezahlte Umsatzsteuer nicht zu den Anschaffungs- oder Herstellungskosten (Nettopreis).

Sind Sie dagegen umsatzsteuerlicher Kleinunternehmer oder gehören Sie zu einer umsatzsteuerbefreiten Berufsgruppe, können Sie sich die Vorsteuer für Ihre Anschaffung nicht erstatten lassen. Dann zählt die Umsatzsteuer mit zu den Anschaffungs- oder Herstellungskosten (Bruttopreis) und ist mit abzuschreiben.

Betriebsgewöhnliche Nutzungsdauer

Und woher wissen Sie eigentlich, wie lange es dauert, bis Ihr Bürostuhl oder Ihr Geschäftswagen aus Sicht des Fiskus vollständig abgenutzt ist? Das Finanzamt hilft Ihnen dabei: Die betriebsgewöhnliche Nutzungsdauer ist nämlich für zahlreiche Anlagegüter, vom Aktenvernichter bis zum Zeiterfassungsgerät, in amtlichen Tabellen niedergelegt. Der Fachmann spricht von sogenannten AfA-Tabellen. Nach dem niedergeschriebenen Willen des Fiskus werden beispielsweise

- Computer, Drucker und andere Peripheriegeräte über 3 Jahre
- Handys über 5 Jahre
- Pkw über 6 Jahre
- Büromöbel über 13 Jahre

abgeschrieben.

Das heißt: Sie zahlen heute Ihren Geschäftswagen, kommen aber erst nach 6 Jahren in den Genuss des vollständigen Steuerabzugs Ihrer Kosten! Schmerzhaft – besonders bei teureren Anschaffungen, die über mehrere Jahre im Betrieb bleiben. Die AfA-Tabellen finden Sie im Internet unter www.bundesfinanzministerium.de (Stichwort: AfA-Tabellen).

Aber die AfA-Tabellen sind nicht das Maß aller Dinge. Die AfA-Tabellen basieren auf Erfahrungswerten von Betriebsprüfungen und legen betriebsübliche Werte zugrunde. Wenn durch überdurchschnittliche Beanspruchung die angeschafften Gegenstände eine kürzere Lebensdauer gegenüber der „amtlichen" aufweisen, ist auch eine schnellere Abschreibung möglich. Seien Sie aber gewappnet gegen kritische Fragen der Fiskalritter – Sie müssen die überdurchschnittliche Beanspruchung plausibel begründen und nachweisen können.

Auch gebraucht angeschaffte Anlagegüter können Sie schneller absetzen. Grundsätzlich sind gebrauchte Gegenstände über die verbleibende Restnutzungsdauer abzuschreiben. Ist die ursprüngliche Nutzungsdauer bereits bei der Anschaffung abgelaufen, so akzeptiert der Fiskus durchaus, dass Ihre Investition noch im Jahr der Anschaffung vollständig oder über zwei bis drei Jahre abgeschrieben wird.

Abschreibungsmethoden

Der Fiskus erlaubt derzeit zwei Abschreibungsmethoden: die lineare Abschreibung und die leistungsbezogene Abschreibung. Die im Alltag wichtigste und der Regelfall ist die lineare Abschreibung.

Das Prinzip der **linearen Abschreibungsmethode** ist einfach durchschaut: Die Anschaffungs- oder Herstellungskosten werden gleichmäßig auf die Nutzungsjahre verteilt, es findet also eine Abschreibung in gleichen Jahresbeträgen statt. Die Berechnung erfolgt recht einfach: Wenn Sie die Anschaffungs- oder Herstellungskosten durch die Zahl der Nutzungsjahre teilen, erhalten Sie den jährlichen Abschreibungsbetrag.

$$\text{Jährlicher Abschreibungsbetrag} = \frac{\text{Anschaffungs- oder Herstellungskosten}}{\text{betriebsgewöhnliche Nutzungsdauer in Jahren}}$$

Ein Beispiel: Sie kaufen sich einen neuen Betriebs-PC für 1.500 €, für den laut AfA-Tabelle eine Nutzungsdauer von 3 Jahren gilt. Nach Adam Riese und Eva Zwerg errechnet sich Folgendes: Der jährliche Abschreibungsbetrag beträgt 500 €, weil jeweils pro Jahr nur ein Drittel des Kaufpreises abgesetzt werden kann (1/3 × 1.500 € = 500 €). Am Ende jedes Jahres reduziert sich der buchhalterische Wert um den Abschreibungsbetrag von 500 €. Nach dem dritten Jahr sind die Anschaffungs- oder Herstellungskosten Ihres Anlagegegenstands vollständig abgeschrieben. Die letzte Abschreibungsrate beträgt jedoch nur 499 €, sodass Ihr PC mit einem symbolischen Erinnerungswert von 1 € weiterhin in Ihren Büchern geführt werden kann.

Monatsgenaue Abschreibung: Bei der Abschreibung gilt der Grundsatz, dass Sie Ihre Anlagegüter nur für die Zeit abschreiben dürfen, in der diese dem Betrieb zur Verfügung stehen. Sie dürfen also im Jahr der Anschaffung oder Herstellung nur den zeitanteiligen

Jahresabschreibungsbetrag berücksichtigen. Die Abschreibung ist immer monatsgenau zu berechnen. Immerhin: Angefangene Monate dürfen voll angesetzt werden. Im Detail sieht das so aus: Bei Kauf im Januar dürfen Sie den vollen Jahresbetrag ansetzen. Erwerben Sie Ihr Anlagegut im Februar, sind nur 11/12 des Jahresbetrags zu berücksichtigen, bei Kauf im März nur 10/12 usw.

Was geschieht aber, wenn ein Anlagegut bereits vor Ablauf der planmäßigen Abschreibungsdauer aus Ihrem Betriebsvermögen ausscheidet (z. B. durch Verkauf, Entnahme oder Zerstörung)? In diesem Fall wird das Anlagegut zeitanteilig bis zum Ausscheiden abgeschrieben und der verbleibende Restbuchwert ist als Betriebsausgabe zu verbuchen. Die durch das Ausbuchen des Restbuchwertes entstehende Betriebsausgabe ist einem möglichen Verkaufserlös gegenzurechnen, sodass Sie je nach Fallkonstellation einen Gewinn oder Verlust aus dem Ausscheiden des Anlagegutes erzielen. Ein zusammenfassendes Beispiel schafft Klarheit:

Beispiel: Sie kaufen sich im März 2017 einen neuen Geschäftswagen zu einem Preis von 18.000 € und verkaufen den Geschäftswagen wieder im Juni 2020 zu einem Verkaufspreis von 12.000 €. Die betriebsgewöhnliche Nutzungsdauer beträgt laut AfA-Tabelle 6 Jahre.

Jahr	**Abschreibung**	**Restbuchwert**
2017	2.500 €	15.500 €
2018	3.000 €	12.500 €
2019	3.000 €	9.500 €
2020	1.500 €	8.000 € (per 6/2020)

Im Anschaffungsjahr können Sie 10/12 des Jahresbetrags (10/12 × 3.000 € = 2.500 €) und in den Jahren 2018 und 2019 jeweils den vollen Jahresbetrag abschreiben. Im Jahr des Verkaufs ist die Abschreibung nur zeitanteilig für 6 Monate in Höhe von 1.500 € zu berücksichtigen. Zum Zeitpunkt des Verkaufs beträgt also der Restbuchwert des

Geschäftswagens 8.000 €, sodass Sie durch den Verkauf einen Gewinn in Höhe von 4.000 € erzielen (= Verkaufserlös 12.000 € abzüglich Restbuchwert 8.000 €).

Die **leistungsbezogene Abschreibung** ist der Ausnahmefall und nur anwendbar, wenn sie wirtschaftlich begründbar ist. Sofern die Nutzungsdauer eines Anlagegutes von vornherein technisch begrenzt ist (z. B. bei einer Produktionsmaschine) und diese Grenze in kurzer Zeit durch besondere Beanspruchung erreicht wird, kann die Abschreibung leistungsbezogen erfolgen. Der jährliche Abschreibungsbetrag ermittelt sich dann, indem Sie die Jahresleistung ins Verhältnis zur möglichen Gesamtleistung setzen. **Ein Beispiel**: Sie haben eine Maschine für 20.000 € gekauft, deren Gesamtleistung Sie auf 10.000 Laufstunden schätzen. Ist die Maschine im ersten Jahr 4.000 Stunden gelaufen, dann dürfen Sie 8.000 € abschreiben (= 4.000/10.000 Stunden × 20.000 €).

Der Vollständigkeit halber sei noch erwähnt, dass bis einschließlich 2010 auch noch die degressive Abschreibung vom Fiskus akzeptiert wurde. Nach der **degressiven Abschreibungsmethode** ist ein gleichbleibender Prozentsatz auf den nach und nach sinkenden Restbuchwert anzuwenden. Der Abschreibungsbetrag sinkt dabei von Jahr zu Jahr.

Anlageverzeichnis

Damit das Finanzamt verfolgen kann, wie sich Ihr Anlagevermögen entwickelt, müssen Sie ein Verzeichnis über Ihre Anlagegüter und die darauf vorgenommenen Abschreibungen führen. Sie können ein solches Anlageverzeichnis leicht selbst erstellen (z. B. in Excel). Ihre Aufstellung sollte die folgenden Informationen enthalten: Bezeichnung des Gegenstandes mit Anschaffungs- oder Herstellungskosten, Zugangsdatum, Abschreibungsmethode plus Nutzungsdauer bzw. Abschreibungsprozentsatz sowie Abschreibungsbetrag und Buchwert zum Jahresbeginn und -ende.

Auch wenn es Ihnen vielleicht lästig erscheint, ein Anlageverzeichnis zu führen: Es ermöglicht nicht nur dem Finanzamt, sondern vor allem Ihnen, die Entwicklung Ihres Anlagevermögens gut im Blick zu behalten. Das Anlageverzeichnis reichen Sie zusammen mit Ihrer Gewinnermittlung und Steuererklärung beim Finanzamt ein. Ein Beispiel eines Anlageverzeichnisses finden Sie im Anhang.

Keine Regel ohne Ausnahme: Sie kennen jetzt das Geheimnis der ominösen Abschreibungen. Wie Sie Ihre Investition letztlich abschreiben, hängt aber auch von der Höhe der Anschaffungs- oder Herstellungskosten ab. Nicht jeder Anlagegegenstand muss über seine gesamte steuerliche Lebensdauer abgeschrieben werden. Der Fiskus sieht bei sogenannten **geringwertigen Wirtschaftsgütern** Erleichterungen vor. Deren Abschreibung erfolgt nach gesonderten Regelungen. Mehr dazu im nächsten Kapitel.

! Steuer-Spartipp:

Mit Sonderabschreibungen aktiv Steuern sparen

Der Fiskus fördert kleinere und mittlere Unternehmen durch Sonderabschreibungen. Der Vorteil: Sie können bis zu 20 % der normalen Abschreibung als Sonderabschreibung zeitlich vorverlegen und so Ihren Gewinn aktiv gestalten. Die Sonderabschreibung sollten Sie natürlich in einem „guten" Jahr in Anspruch nehmen, um der Steuerprogression ein Schnippchen zu schlagen. Wenn Sie aber aktuell eine geringere Steuerbelastung haben und in Zukunft mit höheren Gewinnen rechnen, verschieben Sie die Sonderabschreibungen einfach auf später. Der Fiskus macht‘s möglich: Denn die Sonderabschreibung können Sie nach Belieben auf die 5 Jahre nach Anschaffung bzw. Herstellung des Anlagegutes verteilen. Und es kommt noch besser:

Die Sonderabschreibung ist im Anschaffungsjahr nicht zeitanteilig zu kürzen, sodass auch bei einer „Silvester-Anschaffung“ zum 31. Dezember der volle Abschreibungsbetrag abgezogen werden kann. Wow! So viel Förderung ist natürlich an Bedingungen geknüpft. Die folgenden Voraussetzungen müssen erfüllt sein:

Betriebsgrößenmerkmal: Bei bilanzierenden Unternehmen darf das Betriebsvermögen 235.000 € nicht überschreiten und bei Überschussrechnern darf der Gewinn nicht über 100.000 € liegen. Außerdem muss das Anlagegut **überwiegend betrieblich genutzt** werden. Das heißt, das angeschaffte oder selbst hergestellte bewegliche Anlagegut muss zu mindestens 90 % im Inland betrieblich genutzt werden und mindestens 1 Jahr in Ihrem Betrieb verbleiben. Übrigens: Es kann sich dabei auch um ein gebrauchtes Anlagegut handeln.

GWG – das dürfen Sie sofort abschreiben

Der Fiskus ist großzügig, wenn es um kleinere Anschaffungen bis 1.000 € netto geht. Bei sogenannten **geringwertigen Wirtschaftsgütern** (GWG) gewährt der Gesetzgeber zum einen eine gewisse Wahlfreiheit zwischen verschiedenen Abschreibungsmethoden und zum anderen bessere Abschreibungsmöglichkeiten – teilweise sogar den vollständigen Sofortabzug im Jahr der Anschaffung.

Als geringwertige Wirtschaftsgüter bezeichnet man Anlagegüter mit einem Wert bis 1.000 € netto, die beweglich und selbstständig nutzbar sind. Wenn sich ein Wirtschaftsgut losgelöst von anderen nutzen lässt, ist der Gegenstand selbstständig nutzbar. Das gilt beispielsweise für einen Bürostuhl, eine Lampe oder einen Kopierer. Das heißt auch: Einzelne Teile einer Computeranlage (Bildschirm, Tastatur, Maus, Drucker) sind nicht selbstständig nutzbar, also keine GWGs. Diese Teile sind klassisches Zubehör, sie funktionieren nur in Verbindung mit dem Computer. Wird also ein Drucker zusammen mit einem PC gekauft, gehört der Drucker zum Anschaffungspreis der gesamten Computeranlage. Davon ausgenommen sind Multifunktionsgeräte, also Fax, Drucker, Scanner und Kopierer in einem; diese sind selbstständig nutzbar.

Wer weiß: Vielleicht lässt sich bei einer geschickten Argumentation auch eine PC-Tastatur als selbstständig nutzbar verkaufen. Beispielsweise, wenn Sie Ihrem Finanzbeamten glaubhaft nachweisen können, dass Sie die Tastatur regelmäßig brauchen, um bei Ihren Mitarbeitern durch einen zarten Schlag auf den Hinterkopf das Denkvermögen und die Arbeitsproduktivität zu steigern.

Qual der Wahl: Sie haben bei GWG die Qual der Wahl zwischen verschiedenen Abschreibungsvarianten. Sie dürfen die GWG sofort voll abschreiben, in einen Sammelposten packen oder klassisch über die betriebsgewöhnliche Nutzungsdauer abschreiben. Aber aufgepasst: Diese Varianten sind leider nicht ganz beliebig nach Lust und Laune anwendbar und kombinierbar, sondern der Fiskus macht gewisse Vorgaben. Abhängig von den Anschaffungs- oder Herstellungskosten, und je nachdem, ob Sie einen Sammelposten bilden wollen oder nicht, stehen zwei Alternativen zur Wahl. Die Entscheidung für eine der beiden GWG-Abschreibungsvarianten gilt einheitlich für sämtliche Anschaffungen in einem Jahr. Das Wahlrecht kann jedes Jahr neu ausgeübt werden.

Das Ganze für das Auge zusammengefasst:

GWG-Abschreibungsvarianten			
	Bis 250 €	250 € bis 800 €	800 € bis 1.000 €
1. Variante ohne Sammelposten	Sofortabzug oder Normal-Abschreibung lt. AfA-Tabelle		Normal-Abschreibung lt. AfA-Tabelle
2. Variante mit Sammelposten	Sofortabzug oder Normal-Abschreibung lt. AfA-Tabelle	Sammelposten	

Beachten Sie: Maßgebend für die Frage der Wertgrenzen ist stets der Nettobetrag des Anlageguts, d. h. ohne enthaltene Umsatzsteuer.

1. GWG-Abschreibungsvariante ohne Sammelposten

Bis 800 €: Wenn die Anschaffungs- oder Herstellungskosten nicht mehr als 800 € betragen, können Sie die Kosten als Betriebsausgaben vollständig im Anschaffungs- oder Herstellungsjahr abziehen (Sofortabschreibung). Alternativ besteht die Möglichkeit der klassischen Abschreibung über die betriebsgewöhnliche Nutzungsdauer (Wahlrecht!).

Ein Hinweis an die Steuersparfüchse, bei denen soeben durch den Begriff **Sofortabschreibung** im Kopf das Programm „Steuern sparen, koste es, was es wolle“ vollautomatisch gestartet wurde. Nein! Die „Zerlegung“ des luxuriösen Geschäftswagens in mehrere hundert Einzelteile mit der Absicht, diese alle sofort abzuschreiben, ist nicht empfehlenswert und aus steuerlicher Sicht auch nicht zulässig. Nach diesem geschickt eingeflochtenen Abschmunzler zurück zum Thema.

Über 800 €: Anlagegüter, deren Wert 800 € überschreitet, sind über die gewöhnliche Nutzungsdauer laut AfA-Tabelle abzuschreiben.

Beispiel: Sie kaufen im Dezember ein Faxgerät für 145 €, einen PC für 400 € und einen Schreibtisch für 900 € (jeweils netto). Den Kaufpreis für das Faxgerät und den PC dürfen Sie sofort als Betriebsausgabe absetzen. Den Schreibtisch müssen Sie gemäß AfA-Tabelle über 13 Jahre abschreiben, im Anschaffungsjahr jedoch nur zeitanteilig für einen Monat.

2. GWG-Abschreibungsvariante mit Sammelposten

Bis 250 €: Übersteigen die Anschaffungs- oder Herstellungskosten die 250-€-Grenze nicht, dann können Sie das Wirtschaftsgut sofort als Betriebsausgabe absetzen (Sofortabschreibung) oder alternativ über die betriebsgewöhnliche Nutzungsdauer laut AfA-Tabelle abschreiben (Wahlrecht!).

Über 250 € bis 1.000 €: Anlagegüter zwischen 250 € bis 1.000 € packen Sie in sogenannte **Sammelposten** und schreiben sie über fünf Jahre ab. Achtung: Alle Anlagegüter eines Sammelpostens werden unabhängig von ihrer individuellen Nutzungsdauer pauschal über 5 Jahre abgeschrieben. Das heißt: Der PC, der normalerweise über 3 Jahre, oder der Schreibtisch, der normalerweise über 13 Jahre abgeschrieben wird, sind losgelöst von der AfA-Tabelle über 5 Jahre abzuschreiben. Und: Anders als bei der „normalen" Abschreibung ist im Anschaffungsjahr keine zeitanteilige Abschreibung vorzunehmen, sondern der volle Jahresabschreibungsbetrag ist abzusetzen, also ein Fünftel der Anschaffungs- oder Herstellungskosten. Für jedes Jahr ist ein eigener Sammelposten zu bilden (jahrgangsbezogen) und gesondert abzuschreiben. Scheidet im Lauf dieser 5 Jahre ein Wirtschaftsgut aus dem Sammelposten aus, dann hat das keine Auswirkung auf den Sammelposten. Dies bedeutet beim Verkauf von Wirtschaftsgütern, dass der Verkaufserlös in vollem Umfang zu versteuern ist, während die Abschreibung auf den Sammelposten unverändert bis zum Ablauf der Fünfjahresfrist weitergeführt wird.

Beispiel: Sie kaufen im Dezember ein Faxgerät für 145 €, einen PC für 400 € und einen Schreibtisch für 900 € (jeweils netto). Den Kaufpreis für das Faxgerät dürfen Sie sofort als Betriebsausgabe absetzen. Den PC und den Schreibtisch können Sie in einen Sammelposten packen und den Gesamtbetrag von 1.300 € über 5 Jahre abschreiben. Die Abschreibung auf den Sammelposten beträgt im Anschaffungsjahr und in den folgenden vier Jahren jeweils 260 €.

! Gut zu wissen: Mit dem Sammelposten schreiben Sie immer dann schneller ab und holen sich somit auch früher Geld vom Fiskus zurück, wenn nach der AfA-Tabelle die Nutzungsdauer des Anlageguts mehr als 5 Jahre beträgt. Das ist etwa bei Büromöbeln der Fall. Nach der AfA-Tabelle gibt's den vollen Steuerabzug für Ihre Büromöbel erst nach 13 Jahren, beim Sammelposten haben Sie schon nach 5 Jahren den Kaufpreis vollständig steuerlich geltend gemacht.

Über 1.000 €: Die Anlagegüter, deren Wert 1.000 € überschreitet, sind über die gewöhnliche Nutzungsdauer gemäß AfA-Tabelle abzuschreiben.

Und welche GWG-Abschreibungsalternative soll ich nun wählen?

Zugegeben, die GWG-Regelung ist nicht leicht zu verstehen. Sie können aber mit der richtigen Wahlrechtsausübung aktiv Steuern sparen. Welche Variante für Sie vorteilhafter ist, hängt maßgeblich davon ab, ob Sie heute oder in Zukunft die Steuerminderung dringender brauchen. Sind Sie in einem „schlechten Jahr" mit geringer steuerlicher Belastung und rechnen künftig mit höherem Gewinn, empfiehlt es sich, vom Sofortabzug Abstand zu nehmen und Abschreibungen in die Zukunft zu verschieben. Gerade bei Gründern in der mageren Startphase ist es oft sinnvoll, Anschaffungen über längere Zeiträume abzuschreiben, damit sie sich in späteren Jahren mit höheren Gewinnen steuermindernd auswirken können. Machen Sie gute Geschäfte, sollten Sie tendenziell den Sofortabzug wählen, um der Steuerprogression ein wenig gegenzusteuern.

! Steuer-Spartipp:

Bislang privat genutzte Gegenstände abschreiben

Reduzieren Sie Ihre Steuerlast, indem Sie privat angeschaffte Gegenstände abschreiben.

Bei fast jeder Existenzgründung kommt es vor: Sie nutzen privat angeschaffte Gegenstände neuerdings hauptsächlich betrieblich. Oft sind das mehr Gegenstände, als man denkt. Hier einige Beispiele: Bürostuhl, Schreibtisch, Faxgerät, PC, Drucker, Werkzeuge oder Pkw. Nutzen Sie diese Gegenstände aus Ihrem Privatbesitz überwiegend betrieblich, dann legen Sie sie in Ihren Betrieb ein und schreiben Sie sie ab. Wie abzuschreiben ist, hängt von dem Einlagewert ab: Liegt dieser unter 1.000 €, dann wenden Sie die GWG-Abschreibungsregelungen an. Bei Gegenständen, deren Wert über 1.000 € liegt, schreiben Sie den Einlagewert über die angenommene Restnutzungsdauer ab.

Und so geht's: Dokumentieren Sie die Einlage durch einen Eigenbeleg, auf dem Sie das Einlagedatum und den Wert des Gegenstands vermerken (mehr zum Eigenbeleg in Teil V, S. 211 f.). **Wichtig:** Den Wert des Gegenstands dürfen Sie nicht nach Belieben festsetzen, sondern Sie müssen einen realistischen Wert (den aktuellen Marktwert) ansetzen. Bei der Ermittlung des Einlagewerts sind zwei Fälle, abhängig vom Alter des eingelegten Gegenstands, zu unterscheiden.

Fall 1: Haben Sie den Gegenstand innerhalb von drei Jahren vor Einlage gekauft, dürfen Sie als Einlagewert höchstens die Anschaffungskosten abzüglich der bis zur Einlage rechnerisch angefallenen Abschreibungen ansetzen. Dazu ein Beispiel: Sie haben sich vor einem Jahr einen PC für 1.800 € privat angeschafft, den Sie jetzt betrieblich nutzen. Laut AfA-Tabelle ist der PC über drei Jahre abzuschreiben. Nach Adam Riese und Eva Zwerg errechnet sich dann ein Einlagewert von 1.200 € (= Anschaffungskosten 1.800 € abzüglich Jahresabschreibung von 600 €).

Fall 2: Sind seit der privaten Anschaffung mehr als drei Jahre vergangen, so müssen Sie den Einlagewert realistisch schätzen. Dokumentieren Sie Ihre Schätzung, um gegenüber kritischen Finanzbeamten gewappnet zu sein. Wollen Sie beispielsweise einen Pkw in Ihr Betriebsvermögen aufnehmen, dann empfiehlt es sich, den aktuellen Gebrauchtwagenpreis aus der Schwacke-Liste anzusetzen. Bei kleineren Gegenständen suchen Sie Kaufangebote von vergleichbaren Gütern, z. B. bei eBay, um einen aktuellen Marktwert zu ermitteln. Und bei wertvolleren Gegenständen sollten Sie auf Nummer sicher gehen und ein Wertgutachten von einem Sachverständigen einholen.

TEIL IV

Steuerarten

In diesem Teil ...

- bekommen Sie einen üppigen Überblick über die wichtigsten Steuerarten, die Ihnen im Unternehmeralltag begegnen.
- gibt's als besonderes Schmankerl einen kleinen Streifzug durch die Welt der skurrilen Steuerarten.

Welche Steuern Sie kennen müssen

Deutschland ist total besteuert – von A wie Abgeltungsteuer bis Z wie Zweitwohnsitzsteuer tummeln sich hierzulande zahlreiche Steuerarten. Als Unternehmer haben Sie täglich mit vielen Steuern und Abgaben zu tun. Über die Masse der Steuerarten müssen Sie in Ihrer Unternehmerpraxis nicht Bescheid wissen, denn die meisten davon betreffen Sie nur indirekt und Sie zahlen sie unbewusst. Denken Sie etwa an die Mineralölsteuer, wenn Sie Ihren Geschäftswagen auftanken oder an die Kaffee- oder Sektsteuer beim Geschäftsessen! Und dennoch: Eine Vielzahl von Steuerarten wird nie Ihren Unternehmerweg kreuzen. So werden die wenigsten ein Kernkraftwerk betreiben und wegen der Spaltung von Plutonium zur gewerblichen Stromerzeugung der Kernbrennstoffsteuer unterliegen.

Für die Praxis von kleineren Unternehmen und Freiberuflern sind letztlich nur die folgenden Steuerarten von wesentlicher Bedeutung:

- Umsatzsteuer
- Gewerbesteuer
- Einkommensteuer

Ein grundlegendes Wissen über diese Steuerarten ist Pflicht für jeden Unternehmer.

> Es gibt nur etwas, was mehr schmerzt, als Steuern zu zahlen – keine Steuern zu zahlen.
> *(James Dewar, englischer Politiker)*

Umsatzsteuer – der Umsatzbringer für den Fiskus

Die Umsatzsteuer ist nicht nur eine der wichtigsten Einnahmequellen des Staates, sie gehört auch zu den kompliziertesten Steuerarten. Das Grundprinzip ist recht simpel, aber der Teufel steckt bekanntlich im Detail. Das Umsatzsteuerrecht glänzt nicht nur durch eine verwirrende Fülle an Vorschriften und eine Vielzahl von Ausnahmeregelungen, es unterliegt auch ständigen Änderungen. Im Rahmen dieses Ratgebers können wir deswegen nur die Grundlagen des Umsatzsteuerrechts aufgreifen, die für die meisten Existenzgründer wichtig und typisch sind.

Das Wichtigste vorweg: Als umsatzsteuerpflichtiger Unternehmer sind Sie quasi der Steuereintreiber für den Staat. Sie müssen zusätzlich zum Waren- oder Leistungswert den gültigen Umsatzsteuersatz auf die Rechnung aufschlagen, die Umsatzsteuer von Ihrem Kunden einziehen und an das Finanzamt abführen.

! Merke: Die von Ihnen eingenommene Umsatzsteuer gehört nicht Ihnen, sondern dem Fiskus. Sie macht nur vorübergehend in Ihrer Tasche Halt, bevor sie sich auf den Weg zum Finanzamt macht!

Also: Von jedem eingenommenen Euro, der in Ihrer Kasse oder auf Ihrem Bankkonto landet, müssen Sie dem Finanzminister einen Anteil in Höhe des gültigen Umsatzsteuersatzes abgeben. Wenn Sie dies von Anfang an beherzigen, dann klappt's auch mit dem Finanzamt.

Bevor wir in die unendlichen Weiten des Umsatzsteuerrechts vorstoßen und neue fremde Welten erforschen, sollten Sie vorab über ein paar Begriffe Bescheid wissen. In der Praxis herrscht nicht selten Verwirrung über die Bedeutung der Begriffe **Umsatzsteuer** und **Mehrwertsteuer**. Die Auflösung ist einfach: Die Begriffe sind Synonyme, inhaltlich völlig gleichbedeutend. Der Fachmann spricht von Umsatzsteuer, weil das Steuerrecht nur ein Umsatzsteuergesetz, aber kein Mehrwertsteuergesetz kennt. Der steuerliche Laie, etwa eine Frau Merkel (Name von der Redaktion geändert), spricht dagegen eher von Mehrwertsteuer. Dann gibt es noch den Begriff der **Vorsteuer**. Als Vorsteuer bezeichnet man die Umsatzsteuer, die auf Ihren Eingangsrechnungen lastet, also jene Umsatzsteuer, die Sie an Ihre Lieferanten oder Dienstleister zahlen. Wissen sollten Sie auch noch, was mit **brutto** und **netto** gemeint ist. Brutto bedeutet ganz einfach inklusive Umsatzsteuer und netto heißt ohne Umsatzsteuer. Okay, jetzt sind Sie fit für das Umsatzsteuermonster.

So funktioniert die Umsatzbesteuerung

In Deutschland haben wir ein **Allphasen-Netto-Umsatzsteuersystem mit Vorsteuerabzug**. Keine Angst: Klingt kompliziert, ist es aber nicht. Das Grundprinzip ist schnell erklärt: Bei jedem Umsatz in einer Leistungs- oder Produktionskette schlägt der jeweils ausführende Unternehmer auf seine Rechnung Umsatzsteuer auf – egal, ob der Kunde Endverbraucher oder selbst Unternehmer ist (daher Allphasensteuer) – und reicht diese an den Fiskus weiter. Umsatzsteuer, die der Unternehmer selbst für den Wareneinkauf oder für erhaltene Dienstleistungen zahlt, also die sogenannte Vorsteuer, darf er vorher von der eingenommenen Umsatzsteuer abziehen (daher Netto-Umsatzsteuer mit Vorsteuerabzug). Im Ergebnis führt der Unternehmer also nur die Steuer auf den Mehrwert ab, den er geschaffen hat, womit zugleich das Rätsel gelöst ist, warum die Umsatzsteuer landläufig auch Mehrwertsteuer genannt wird.

Für den Unternehmer ist die Umsatzsteuer ein durchlaufender Posten, weil er die gezahlte Vorsteuer vom Finanzamt zurückbekommt und die eingenommene Umsatzsteuer dort abliefern muss. Die Umsatzsteuer ist darauf ausgerichtet, dass sie vom privaten Endverbraucher wirtschaftlich getragen wird, da dieser sich die gezahlte Umsatzsteuer vom Fiskus nicht zurückholen kann. Die Pflicht zur Berechnung und Abführung an den Fiskus obliegt aber allein dem Unternehmer. Weil die Umsatzsteuer vom Verbraucher auf dem Umweg über den Unternehmer erhoben wird, zählt sie zu den indirekten Steuern.

Aufgepasst: Vom Fiskus dürfen Sie natürlich nur die gezahlte Vorsteuer auf Betriebsausgaben zurückfordern. Anders ausgedrückt: Die Vorsteuer auf Privatausgaben dürfen Sie nicht steuerlich geltend machen.

Damit es sich einprägt, das Ganze noch einmal kurz und bündig: Von der eingenommenen Umsatzsteuer dürfen Sie die von Ihnen als Unternehmer gezahlte Vorsteuer abziehen, unterm Strich bleibt die sogenannte **Zahllast**, die Sie ans Finanzamt melden und abliefern müssen. Ein Beispiel schafft Klarheit:

Beispiel: Nehmen wir an, ein Einzelhändler kauft ein Faxgerät für 100 € netto zuzüglich 19 % Umsatzsteuer (= 19 €) beim Großhändler ein, also für 119 € brutto. Dieses Gerät verkauft der Einzelhändler im selben Monat an einen privaten Endkunden für 150 € netto plus 19 % Umsatzsteuer (28,50 €) weiter, also für 178,50 € brutto. Welche Zahllast muss der Einzelhändler an das Finanzamt abführen, wenn man von der vereinfachten Annahme ausgeht, dass dies sein einziges Geschäft im Abrechnungszeitraum ist? Die Lösung: Der Einzelhändler muss 9,50 € als Zahllast an das Finanzamt melden und überweisen. Und so wird‘s gerechnet: Der Einzelhändler hat seinem Kunden Umsatzsteuer in Höhe von 28,50 € in Rechnung gestellt und kassiert. Diesen Betrag schuldet er dem Fiskus, er kann jedoch vorab die an den Großhändler gezahlte Vorsteuer in Höhe von 19 € davon abziehen. Per saldo errechnet sich also eine Zahllast von 9,50 € (= eingenommene Umsatzsteuer 28,50 € abzüglich gezahlter Vorsteuer 19 €).

In der nachstehenden Grafik ist das Beispiel veranschaulicht.

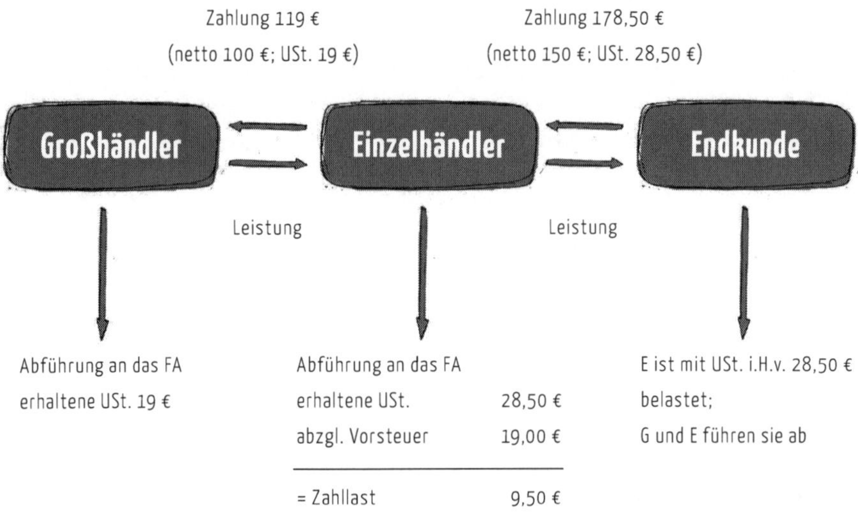

Die Welt ist in Ordnung, wenn im laufenden Betrieb die eingenommene Umsatzsteuer über der gezahlten Vorsteuer liegt. Dann sind nämlich auch Ihre Betriebseinnahmen höher als Ihre Betriebsausgaben. Ein sehr erstrebenswerter Zustand. Aber gerade in der Startphase ist es nicht selten umgekehrt: Existenzgründer müssen erst einmal mehr ausgeben, als sie einnehmen. Die Summe der gezahlten Vorsteuer übersteigt dann die eingenommene Umsatzsteuer. Im Ergebnis entsteht also ein Vorsteuerüberhang, den Sie vom Fiskus im Rahmen Ihrer Umsatzsteuervoranmeldung erstattet bekommen.

Egal, ob Umsatzsteuer-Zahllast oder Vorsteuer-Erstattung: Als umsatzsteuerpflichtiger Unternehmer müssen Sie dem Fiskus regelmäßig über Ihre Geschäfte in Form von Umsatzsteuer-Voranmeldungen berichten.

! Wichtig: Nicht nur Lieferungen oder Leistungen an Dritte unterliegen der Umsatzsteuer, sondern auch die sogenannten Privatanteile (siehe Teil III, S. 78). Erinnern Sie sich? Betriebliche Gegenstände oder Leistungen, die Sie privat verbrauchen oder in Anspruch nehmen, sind eine fiktive Lieferung oder Leistung Ihres Unternehmens an Sie als Privatperson und damit der Umsatzsteuer zu unterwerfen. Das ist logisch und konsequent, weil Sie beispielsweise beim Kauf des Geschäftswagens zunächst die gezahlte Vorsteuer vollständig geltend gemacht haben und somit zu Unrecht Vorsteuer in Höhe des Anteils der Privatnutzung vom Fiskus zurückbekommen haben. Mit der Umsatzbesteuerung der Privatnutzung wird dies korrigiert.

Umsatzsteuer-Voranmeldungen

Vorab muss die Frage geklärt werden: Bin ich überhaupt umsatzsteuerpflichtig? Sofern Sie eine gewerbliche oder selbstständige Tätigkeit ausüben, lautet die Antwort: Ja – jeder Unternehmer unterliegt grundsätzlich der Umsatzsteuerpflicht! Aber auch diese Regel ist nicht ohne Ausnahme: Für umsatzsteuerliche Kleinunternehmer oder für umsatzsteuerbefreite Berufsgruppen existieren Sonderregelungen. Doch dazu später mehr.

Als umsatzsteuerpflichtiger Unternehmer müssen Sie den Fiskus regelmäßig über Ihre Geschäfte informieren. Von Existenzgründern verlangt das Finanzamt, dass sie im Gründungsjahr und im folgenden Kalenderjahr monatliche Umsatzsteuer-Voranmeldungen abgeben. Mit dieser Regelung beabsichtigt der Gesetzgeber, Sie von Anfang an zu einem ordentlichen Umsatzsteuerzahler zu erziehen. Später kann sich der Rhythmus für die Abgabe der Umsatzsteuer-Voranmeldungen ändern. Sofern im dritten Jahr Ihre vorjährige Umsatzsteuerschuld (eingenommene Umsatzsteuer abzüglich Vorsteuer) nicht 7.500 € überschritten hat, stellt das Finanzamt automatisch auf vierteljährliche Voranmeldungen um. Lag Ihre Umsatzsteuer-Zahllast sogar unter 1.000 €, verzichtet der Fiskus auf unterjährige Voranmeldungen und verlangt nur die Abgabe einer Umsatzsteuerjahreserklärung. Übrigens: Die Abgabe einer Umsatzsteuer-Jahreserklärung ist für jeden Unternehmer obligatorisch, unabhängig davon, in welchem Rhythmus unterjährig Umsatzsteuer-Voranmeldungen abgegeben werden.

Achtung: Die Pflicht zur Abgabe der Umsatzsteuer-Voranmeldung besteht selbst dann, wenn Sie in dem betreffenden Monat oder Quartal keinen Umsatz erzielt oder keine Vorsteuer gezahlt haben. Dann müssen Sie eine sogenannte **Nullmeldung** abgeben.

Ist-Besteuerung beantragen

Zu welchem Zeitpunkt sind die getätigten Umsätze eigentlich dem Fiskus zu melden – schon bei Rechnungsstellung oder erst bei Bezahlung? Im ersten Fall spricht der Fachmann von **Soll-Besteuerung**, im letzteren von **Ist-Besteuerung**. Beantragen Sie unbedingt die Ist-Besteuerung – dann zahlen Sie die Umsatzsteuer erst dann an den Fiskus, wenn Sie das Geld von Ihren Kunden erhalten haben. Der Vorteil: Sie treten nicht in Vorlage und kommen so nicht in Geldsorgen, wenn Kunden ihre Rechnungen erst später zahlen. Die Vorzüge der Ist-Besteuerung dürfen Sie beanspruchen, solange Ihr jährlicher Umsatz unter 500.000 € liegt. Das gilt völlig unabhängig davon, ob Sie Freiberufler oder Gewerbetreibender sind und wie Sie Ihren Gewinn ermitteln. Auch der bilanzierende Gewerbetreibende darf die Ist-Versteuerung wählen. Aber: Sofern der Umsatz über 500.000 € steigt, müssen Sie zur Soll-Besteuerung übergehen. Das bedeutet, Sie müssen die Umsatzsteuer bereits bei Rechnungsstellung abliefen, obwohl Sie von Ihren Kunden vielleicht noch kein Geld gesehen haben. Übrigens: Den Antrag auf Ist-Besteuerung stellen Sie beim Ausfüllen des **steuerlichen Fragebogens**, indem Sie unter der Ziffer 7.8 die Rubrik „Ist-Besteuerung" ankreuzen.

! Aufgepasst: Das betrifft nicht die Vorsteuer, diese erhalten Sie nämlich zurück, sobald Ihnen eine ordnungsgemäße Rechnung vorliegt und die zugrunde liegende Leistung oder Lieferung erbracht wurde.

Termine für die Umsatzsteuer-Voranmeldung

Die Umsatzsteuer-Voranmeldungen sind bei monatlicher Meldepflicht spätestens am 10. des jeweiligen Folgemonats abzugeben. Beispielsweise muss der Unternehmer seine Voranmeldung für den Monat Februar bis zum 10. März abgegeben haben. Bei vierteljährlicher Meldepflicht gelten die Stichtage 10. April für das 1. Quartal, 10. Juli für das zweite Quartal, 10. Oktober für das dritte Quartal und 10. Januar für das vierte Quartal. Fällt das Datum auf einen Samstag, Sonntag oder Feiertag, verlängert sich die Abgabefrist und Fälligkeit automatisch auf den nächsten Werktag.

Kein Pardon bei verspäteter Anmeldung oder Zahlung: Nicht nur die Steuer muss bis zum jeweiligen Stichtag angemeldet sein, gleichzeitig müssen Sie auch die Zahlung geleistet haben. Maßgebend ist das Datum des Zahlungseingangs beim Finanzamt. Gehen Zahlung oder Voranmeldung nicht pünktlich ein, kann das Finanzamt sowohl Verspätungs- als auch Säumniszuschläge festsetzen. Und das kann für Sie teuer werden! Für eine verspätete Zahlung erhebt der Fiskus einen Säumniszuschlag von 1 % für jeden angefangenen Monat. Bei einer Verspätung von 5 Tagen und einer Umsatzsteuerschuld von 2.000 € kostet Sie dies immerhin schon 20 €. Am einfachsten ist es, dem Finanzamt eine Einzugsermächtigung zu geben, dann können Sie nicht in Verzug kommen und es spart darüber hinaus noch Verwaltungsaufwand. Und für alle, die dem Finanzamt nicht trauen: Strittige Beträge können Sie, wie bei jeder Einzugsermächtigung, auch noch nach mehreren Wochen auf Ihr Bankkonto zurückbuchen lassen.

! Gut zu wissen: **Dauerfristverlängerung:** Falls für Sie die standardmäßige 10-Tages-Frist zu sportlich bemessen ist, um Ihre Umsatzsteuer-Voranmeldung abzugeben, beantragen Sie eine Dauerfristverlängerung. Voranmeldung und Geld sind dann erst am Zehnten des übernächsten Monats fällig. Beispielsweise brauchen Sie die Voranmeldung für Januar erst am 10. März statt am 10. Februar abzugeben. Weil der Fiskus sein Geld einen Monat später bekommt und er damit Zinsen verliert, müssen Sie vorab eine einmalige Sondervorauszahlung leisten, um in den Genuss der Dauerfristverlängerung zu kommen. Diese Sondervorauszahlung erhalten Sie später zurück – sie wird mit der Umsatzsteuerzahllast für Dezember verrechnet.

Elektronische Übermittlung der Umsatzsteuer-Voranmeldung

Der Fiskus verlangt von Ihnen, dass Sie die Umsatzsteuer-Voranmeldungen auf elektronischem Weg abgeben. Die Daten können Sie mithilfe einer passenden Buchführungs-Software an das Finanzamt übermitteln, aber am einfachsten mit der „Elektronischen Steuererklärung" (kurz „Elster" genannt – keinesfalls hat hier jener sprichwörtliche Vogel gleichen Namens Pate gestanden, der sich gern wertvolle Dinge aneignet). Elster ist ein elektronisches Formular bzw. eine kostenlose Software der Finanzverwaltung, die Sie unter www.elster.de herunterladen können. Die Handhabung ist recht einfach – im Zweifel hilft Ihnen die dazugehörige Bedienungsanleitung oder die eingerichtete Hotline weiter. Keine Angst, ich hab's auch geschafft, meine Umsatzsteuer-Voranmeldungen damit abzugeben.

So geht's: Ihre Umsatzsteuer-Voranmeldung selbst gemacht

Der Monat ist vorüber und Ihre Umsatzsteuer-Voranmeldung ruft. Ganz gleich, ob Sie die Software der Finanzverwaltung oder eine andere nutzen: Das elektronische Voranmeldungsformular sieht grundsätzlich gleich aus. Ein Muster dieses Formulars finden Sie im Anhang. Und so können Sie vorgehen:

1. Sortieren Sie Ihre Belege nach Eingangs- und Ausgangsrechnungen.

Als **Ist-Besteuerter** nehmen Sie nur die Rechnungen, die auch im abgelaufenen Monat gezahlt wurden. Erinnern Sie sich: Maßgeblich für die Ist-Besteuerung ist der Geldfluss. Sofern Sie der **Soll-Besteuerung** unterliegen, ist dagegen das Rechnungsdatum entscheidend, dann müssen Sie alle im Voranmeldungszeitraum geschriebenen und erhaltenen Rechnungen raussuchen.

Okay, jetzt haben Sie Ihren Stapel Ausgangsrechnungen (Einnahmen) und Eingangsrechnungen (Ausgaben) vor sich. Weil Sie im Voranmeldungsformular bei den Einnahmen die Nettoumsätze jeweils nach Umsatzsteuersätzen angeben müssen, sind Ihre Ausgangsrechnungen noch nach Umsatzsteuersätzen zu sortieren. Addieren Sie nun für jede Umsatzsteuerkategorie (0 %, 7 %, 19 %) die Nettoumsätze – die jeweilige Summe ist dann ins Formular zu übertragen.

Bei der Addition der Ausgabenseite reicht es, die Summe der abziehbaren Vorsteuer zu ermitteln. Ihre Eingangsrechnungen müssen Sie also nicht nach unterschiedlichen Steuersätzen sortieren – das Formular verlangt nur die Gesamtsumme der Vorsteuer.

2. Eingabe der Daten ins Voranmeldungsformular

Zunächst geben Sie Ihre Stammdaten ein: Steuernummer, Ort des Finanzamts sowie Ihren Namen und Ihre Anschrift. Kreuzen Sie anschließend den Voranmeldungszeitraum an. So, jetzt können Sie damit loslegen, Ihre Zahlen einzutragen. Beachten Sie, dass Sie jeweils die Summe der **Nettoumsätze** getrennt nach den unterschiedlichen Steuersätzen eingeben müssen – netto heißt bekanntlich ohne Umsatzsteuer. Das Programm rechnet automatisch die Umsatzsteuer aus. Haben Sie die Einnahmenseite abgeschlossen, tragen Sie noch die Summe der abziehbaren Vorsteuerbeträge ein. Das war‘s! Am Ende des Formulars können Sie sehen, welchen Betrag Sie ans Finanzamt zahlen müssen bzw. was Sie erstattet bekommen. Entsteht eine Umsatzsteuerschuld gegenüber dem Fiskus, dann vergessen Sie das Zahlen nicht.

Achtung, vermeiden Sie Doppelarbeit: Die Umsatzsteuer-Voranmeldung „per Hand“ funktioniert schnell und einfach. Denken Sie aber daran, dass Sie dieselben Angaben noch einmal brauchen, wenn Sie Ihren Gewinn ermitteln. Sofern Sie dies mithilfe der Einnahmen-Überschuss-Rechnung per Excel machen, können Sie Zeit sparen, wenn Sie die Werte gleich in Ihre Excel-Tabelle eintragen (siehe Teil III, S. 64 ff.).

Umsatzsteuer-Jahreserklärung

Mit der Abgabe der Umsatzsteuer-Voranmeldungen ist es noch nicht ganz getan. Der Fiskus verlangt noch mehr, nämlich die Abgabe einer Umsatzsteuer-Jahreserklärung. Rechtlich gesehen wird's jetzt ernst, da Sie bislang nur Umsatzsteuer-Voranmeldungen abgegeben haben. Haben Sie Ihre Einnahmen-Überschuss-Rechnung fertiggestellt, liegen Ihnen endgültige Werte über die eingenommene Umsatzsteuer und die abziehbare Vorsteuer vor. Diese finalen Beträge vergleichen Sie mit den Angaben in Ihren Umsatzsteuer-Voranmeldungen. Je nachdem, ob Sie im Rahmen Ihrer Voranmeldungen zu wenig oder zu viel vorausgezahlt haben, müssen Sie noch nachzahlen oder erhalten eine Erstattung. Die Umsatzsteuer-Jahreserklärung ist bis zum 31. Juli des Folgejahres beim Finanzamt einzureichen. Sofern Sie einen Steuerberater beauftragt haben, verlängert sich die Frist automatisch bis zum 28. Februar des übernächsten Jahres.

Welcher Umsatzsteuersatz ist anzuwenden: 0 %, 7 % oder 19 %?

Der allgemeine Umsatzsteuersatz (= Regelsteuersatz) in Deutschland beträgt 19 %. Die meisten Selbstständigen unterliegen mit ihren Umsätzen dem Regelsteuersatz. Allerdings: Der Gesetzgeber gewährt aus politischen, sozialen oder wirtschaftlichen Gründen bestimmten Waren oder Leistungen den ermäßigten Steuersatz von 7 %. Eine Reihe von Unternehmen oder Leistungen sind sogar vollständig von der Umsatzsteuer befreit (0 %).

Zu den wichtigsten Waren und Leistungen, die dem ermäßigten Steuersatz von 7 % unterliegen, zählen:

- Lebensmittel (des täglichen Bedarfs)
- Pflanzen und Tiere
- Bücher, Zeitschriften
- Kulturelle Veranstaltungen (z. B. Theateraufführungen, Konzerte), Eintrittsgeld für Museen sowie Kunstgegenstände u. Ä.
- Hotelübernachtungen und Personennahverkehr (bis 50 km): Taxi, öffentliche Verkehrsmittel, Bahn

Der ermäßigte Umsatzsteuersatz wurde ursprünglich eingeführt, um Güter des täglichen Lebensbedarfs zu subventionieren. Das war der selbstlose Grundgedanke – wie der Weltfrieden. Doch tatsächlich wird die Steuervergünstigung dank fleißiger Lobbyisten inzwischen auf eine äußerst willkürliche Auswahl von Produkten angewandt.

Wer glaubt, dass der Fiskus Luxusgüter stärker besteuert als die Güter des täglichen Lebens, irrt. Denn auch Trüffel, Rennpferde, Kunstgegenstände, Münzen und Edelmetalle unterliegen nur dem ermäßigten Umsatzsteuersatz. Unverständlich, weil dagegen beispielsweise auf Trinkwasser oder Babywindeln 19 % Umsatzsteuer zu berappen sind. **Und jetzt wird's kurios:** So ist Esel nicht gleich Esel – zumindest steuertechnisch. Für reinrassige lebende Esel gilt der volle Steuersatz von 19 %, aber auf Rennpferde oder Kreuzungen zwischen Pferd und Esel, wie Maultier oder Maulesel, ist der ermäßigte Steuersatz anzuwenden. Ist der reinrassige Esel tot bzw. geschlachtet, dann schlägt er umsatzsteuertechnisch nur mit 7 % zu Buche. Nicht einmal Kartoffeln sind vor dem Gesetz gleich: So gilt für Süßkartoffeln der Regelsteuersatz, für alle anderen Kartoffeln der ermäßigte Steuersatz. Für Hausschweine ist der ermäßigte Steuersatz fällig, für Wildschweine hingegen gelten 19 %. Wer weitere Kuriositäten sucht, findet sie in der „Liste der dem ermäßigten Steuersatz unterliegenden Gegenstände“ im Anhang des Umsatzsteuergesetzes. Ein Blick in diese Liste verwundert und belustigt auch wegen der sehr detaillierten Regelungen.

! Zum Hieressen oder Mitnehmen?

Wenn Sie schon einmal ein Fast-Food-Restaurant besucht haben, kennen Sie die Frage: zum Hieressen oder Mitnehmen? Aber wissen Sie auch, dass diese simple Frage nicht nur damit zu tun hat, ob Sie das Essen auf einem Tablett oder in einer Papiertüte serviert bekommen, sondern dass der eigentliche Grund im Umsatzsteuerrecht liegt?

Verzehren Sie nämlich Ihren Burger im Restaurant, nehmen Sie nach Umsatzsteuerrecht vor allem eine gastronomische Dienstleistung in Anspruch, wofür 19 % Umsatzsteuer fällig werden. Nehmen Sie den gleichen Burger jedoch mit und essen ihn unterwegs oder daheim, gilt das als Verkauf von Lebensmitteln. Und dafür ist nur der ermäßigte Umsatzsteuersatz von 7 % fällig. Als Kunde zahlen Sie aber den gleichen Preis für den Burger, egal, ob Sie vor Ort oder außer Haus essen. Die Buletten-Konzerne und Co. freuen sich natürlich über den Außer-Haus-Verkauf, weil dieser weniger Steuerabzüge und mehr Gewinn bedeutet.

Sie sehen: Die Antwort auf die simple Frage entscheidet darüber, ob die Differenz von 12 % im „Staatssäckel“ oder in den Kassen der Fast-Food-Konzerne landet. Also: Wenn Sie den Fiskus unterstützen und die Burger-Ketten ärgern möchten, dann sagen Sie einfach: „zum Hieressen“, auch wenn Sie die Fritten mitnehmen. So füllen Sie die maroden Staatskassen – der Finanzminister dankt es Ihnen!

Zu den selbstständigen Berufen oder auch Einrichtungen, deren Leistungen vollständig von der Umsatzsteuer befreit sind, zählen hauptsächlich:

- medizinische Berufe: Ärzte (Humanmedizin), Heilpraktiker, Hebammen, Krankengymnasten, Psychotherapeuten u. Ä.
- Bausparkassen- und Versicherungsvertreter
- staatlich anerkannte Schulen und Bildungsträger
- Krankenhäuser, Pflegeheime und ambulante Pflegedienste
- gemeinnützige Einrichtungen

Aufgepasst: Es gilt grundsätzlich: Wenn keine Umsatzsteuer, dann auch kein Vorsteuerabzug. Das heißt: Wenn Sie mit Ihren Einnahmen von der Umsatzsteuer befreit sind, sind Sie im Gegenzug nicht zum Vorsteuerabzug berechtigt, können sich also die gezahlte Vorsteuer nicht vom Fiskus zurückholen. Ihre Betriebsausgaben sind dann bei Ihrer Gewinnermittlung mit Bruttowerten anzusetzen. Bei gemischten Umsätzen, also wenn Ihre Umsätze teilweise umsatzsteuerpflichtig und teilweise umsatzsteuerfrei sind, dürfen Sie die Vorsteuer nur anteilig abziehen.

Aber: Von dem Vorsteuerausschluss sind wiederum steuerfreie Auslandsumsätze ausgenommen, die Ausfuhrlieferungen, innergemeinschaftliche EU-Lieferungen und bestimmte grenzüberschreitende Dienstleistungen betreffen. Also: Trotz Umsatzsteuerbefreiung erlaubt der Gesetzgeber in diesen Fällen ausnahmsweise den Vorsteuerabzug.

Kleinunternehmerregelung: Ja oder Nein?

Die Kleinunternehmerregelung gewährt Ihnen umsatzsteuerliche Erleichterungen: Sie müssen Ihren Kunden keine Umsatzsteuer in Rechnung stellen und sparen sich die lästigen Umsatzsteuer-Voranmeldungen. Als umsatzsteuerlicher Kleinunternehmer gelten Sie, wenn Ihre Umsätze bestimmte Grenzen nicht überschreiten, genauer:

1. wenn Ihr Gesamtumsatz im Vorjahr unter 17.500 € lag **und**
2. im laufenden Jahr die Marke von 50.000 € **voraussichtlich** nicht überschreitet.

In diesem Fall dürfen Sie die Kleinunternehmerregelung in Anspruch nehmen. Unter Gesamtumsatz ist die Summe aller steuerpflichtigen Umsätze und Privatanteile zuzüglich der darauf entfallenden Umsatzsteuer zu verstehen. Bei der Berechnung des Gesamtumsatzes bleiben umsatzsteuerbefreite Umsätze unberücksichtigt.

Wenn Sie mit Ihrer Selbstständigkeit beginnen, ist im Gründungsjahr für Sie die Umsatzgrenze von 17.500 € maßgebend; sie ist allerdings zeitanteilig anzuwenden. Wenn Sie im Juli starten, dann darf der voraussichtliche Umsatz 8.750 € (= 6/12 × 17.500 €) nicht überschreiten. Angefangene Monate sind bei der Umrechnung als volle Monate zu berücksichtigen.

Für das laufende Jahr ist immer auf den **voraussichtlich erzielbaren Umsatz** abzustellen. Sollte sich der tatsächliche Umsatz im Nachhinein als höher herauskristallisieren, dann haben Sie für dieses Jahr keine Strafen oder Nachzahlungen zu befürchten. Aber: Im Folgejahr fallen Sie automatisch aus der Kleinunternehmerregelung raus, weil die Vorjahresumsatzgrenze überschritten ist. Das heißt auch: Wenn Sie in den dauerhaften Genuss der Kleinunternehmerregelung kommen wollen, müssen Ihre Umsätze in jedem Jahr unter 17.500 € liegen. Wichtig ist, dass Sie Ihre Umsätze stets im Blick haben. Sobald Sie in einem Jahr die 17.500-€-Grenze geknackt haben, greift im Folgejahr sofort die Umsatzsteuerpflicht. Stellen Sie erst später fest, dass Sie Umsatzsteuer auf Ihre Rechnungen hätten aufschlagen müssen, ist es meistens zu spät. Rechnungen sind oft nicht mehr änderbar. Die Konsequenz: Sie müssen die fällige Umsatzsteuer aus Ihren eingenommenen Umsätzen herausrechnen und nachzahlen, obwohl Sie sie von Ihren Kunden gar nicht bekommen haben. Das tut weh! Sinkt in einem Jahr Ihr Gesamtumsatz wieder unter die Marke von 17.500 €, dürfen Sie im Folgejahr zur Kleinunternehmerregelung zurückkehren.

Beachten Sie: Die Kleinunternehmerregelung ist ein Wahlrecht. Der Gesetzgeber gibt Ihnen die Möglichkeit, auf die Steuerbefreiung zu verzichten und freiwillig zur Umsatzsteuerpflicht zu optieren (ist im steuerlichen Fragebogen unter Ziffer 7.3 anzugeben). Haben Sie sich im Rahmen Ihrer Existenzgründung dafür entschieden, sind Sie allerdings für fünf Jahre daran gebunden. Nach den fünf Jahren können Sie wieder die Kleinunternehmerregelung anwenden, vorausgesetzt, Sie liegen unter den bekannten Umsatzgrenzen.

Die Kleinunternehmerregelung ist nicht immer von Vorteil

Klingt verlockend: Keine Umsatzsteuer in Rechnung stellen und das Theater mit den Umsatzsteuer-Voranmeldungen sparen. Wow! Aber das ist nur eine Seite der Medaille. Da Sie für den Fiskus keine Umsatzsteuer eintreiben, bekommen Sie im Gegenzug auch keine gezahlte Vorsteuer erstattet. Das kann für Sie von Nachteil sein. Eingenommene Umsatzsteuer mit gezahlter Vorsteuer zu verrechnen, kann bares Geld bringen. Gerade in der Startphase tätigen viele Gründer teure Anschaffungen und geben mehr aus, als sie einnehmen. Durch den Vorsteuerabzug werden die Investitionen und Ausgaben günstiger, sie verbilligen sich nämlich um die erstattete Vorsteuer.

Ob die Kleinunternehmerregelung für Sie vorteilhafter ist oder ob Sie mit der Regelumsatzbesteuerung besser abschneiden, lässt sich nicht pauschal beantworten, sondern hängt vom Einzelfall ab. Stehen Sie vor der Entscheidung „Kleinunternehmer oder nicht?", sollten Sie die folgenden Kriterien abwägen: Arbeiten Sie hauptsächlich für andere Unternehmen oder für Privatkunden? Haben Sie größere Investitionen oder hohe laufende Ausgaben, die mit Vorsteuer belastet sind?

Bei Ihrer Entscheidungsfindung können Sie folgende Faustregeln beherzigen:

➡ Bieten Sie Ihre Leistungen nur umsatzsteuerpflichtigen Unternehmen an, dann ist grundsätzlich die Regelumsatzbesteuerung vorteilhafter. Einerseits tut die in Rechnung gestellte Umsatzsteuer Ihren Geschäftskunden nicht weh, sie holen sich die gezahlte Umsatzsteuer nämlich als Vorsteuer vom Finanzamt zurück; die in Rechnung gestellte Umsatzsteuer wirkt sich damit nicht kostenbelastend für Ihre Geschäftskunden aus. Andererseits erwerben Sie selbst den Steuervorteil des Vorsteuerabzugs, damit werden Ihre Ausgaben billiger.

➡ Wenn Sie hauptsächlich für Privatkunden oder umsatzsteuerbefreite Unternehmen tätig sind, schneiden Sie mit der Kleinunternehmerregelung vielleicht besser ab. Denn bei Umsatzsteuerpflicht müssen Sie Umsatzsteuer auf jede Rechnung aufschlagen und damit erhöht sich der Endpreis für Ihre Kunden. Die gezahlte Umsatzsteuer können sich Privatkunden oder umsatzsteuerbefreite Unternehmen aber nicht vom Finanzamt zurückholen – sie sind damit wirtschaftlich mit der Umsatzsteuer belastet. Als Kleinunternehmer weisen Sie erst gar keine Umsatzsteuer aus und Ihre Privatkunden zahlen faktisch nur den Nettobetrag. Im Vergleich zu Ihren umsatzsteuerpflichtigen Mitbewerbern können Sie Ihre Leistungen um die ersparte Umsatzsteuer günstiger anbieten – damit haben Sie einen Angebotsvorteil. Sofern Sie zudem noch wenig vorsteuerbelastete Ausgaben haben, fahren Sie wahrscheinlich mit der Kleinunternehmerregelung besser.

Was aber tun, wenn Sie gemischte Auftraggeber haben, also sowohl vorsteuerabzugsberechtigte Geschäftskunden als auch Privatkunden? In diesem Fall heißt es: rechnen! Sie müssen abwägen, ob die höheren Kosten aufgrund des fehlenden Vorsteuerabzugs nicht den Preisvorteil für Privatkunden aufgrund der ersparten Umsatzsteuer auffressen. Je niedriger Ihre Kosten und Investitionen im Verhältnis zum erzielbaren Umsatz, desto mehr spricht für die Kleinunternehmerregelung. Aber fragen Sie sich auch, ob Ihnen die Kleinunternehmerregelung aus Imagegründen steht. In Ihren Rechnungen müssen Sie darauf hinweisen, dass Sie keine Umsatzsteuer erheben dürfen. Damit outen Sie sich natürlich als kleines Unternehmen. Nicht selten ist deswegen schon ein Auftrag verloren gegangen.

Noch eines: Für Kleinunternehmer gilt: Niemals Umsatzsteuer auf der Rechnung offen ausweisen. Tun Sie es doch, knöpft Ihnen das Finanzamt die ausgewiesene Umsatzsteuer als Strafsteuer ab und schlägt noch eine saftige Geldbuße oben drauf.

§ **Rechtsprechung zum Schmunzeln:** Kein ermäßigter Steuersatz für Männer-Striptease-Shows

Das Finanzgericht Baden-Württemberg durfte sich mit der spannenden Frage beschäftigen, ob Umsätze aus von Männern dargebotenen Striptease-Shows dem ermäßigten Umsatzsteuersatz unterliegen. Die Klägerin begehrte die Steuerermäßigung mit der Begründung, dass die Darbietungen der männlichen Erotiktänzer als begünstigte Theatervorführung einzuordnen seien. Es sei eine Gruppe von Tänzern, „die in den Shows in verschiedenen Kostümierungen ballettmäßig aufträten, musikalische Leistungen erbrächten und tanzten, wobei allem eine ausgeklügelte, professionell einstudierte Choreografie zugrunde liege“. Insofern seien die Veranstaltungen mit denen des klassischen Balletts vergleichbar – die Darbietungen seien lediglich der Kategorie der „heiteren Muse“ zuzuordnen.

Ganz anders dagegen bewarb das Programmheft die Auftritte. Das Fazit der Werbeschrift: Smarte Jungs beglücken jubelnde Frauenmengen, wenn sie „ihre makellosen Bodys zu heißer Musik wiegen und dabei ihren erotischen Charme mit männlicher Kraft versprühen“. Nach ausgiebiger Lektüre des erotisch angehauchten Programmhefts und wohl nach Begutachtung der Liveshow kam das Gericht zu dem Schluss: Es handelt sich nicht um eine Veranstaltung, die begünstigten Theatervorführungen ähnlich ist, weil nicht die künstlerischen Fähigkeiten wie Tanz oder Gesang im Vordergrund stehen, sondern vielmehr die Zurschaustellung des männlichen Körpers zur Erzielung einer erotischen Wirkung bei den Zuschauerinnen im Zentrum steht. Das Urteil: Der ermäßigte Steuersatz ist nicht anzuwenden.
(Finanzgericht Baden-Württemberg vom 26.01.2005, 12-K-459/00)

Richtig abrechnen: Anforderungen an eine ordnungsgemäße Rechnung

Egal, ob Sie selber eine Rechnung schreiben oder eine Rechnung bekommen: Achten Sie immer darauf, dass alle formalen Voraussetzungen für eine ordnungsgemäße Rechnung erfüllt sind. Sie müssen deswegen so genau auf die Rechnungsformalien achten, weil bei unvollständigen Rechnungen der Verlust des Vorsteuerabzugs droht! Der Fiskus kennt bei fehlerhaften Rechnungen kein Pardon.

Denn: Die Rechnung erfüllt im Umsatzsteuersystem eine wichtige Funktion. Der leistende Unternehmer erklärt mit der Rechnung, dass er die eingenommene Umsatzsteuer an die Staatskasse abführt, und der Rechnungsempfänger erwirbt mit der Rechnung das Recht zum Vorsteuerabzug. Genau prüfen gilt also gleich doppelt: zum einen für Ihre Eingangsrechnungen, weil Fehler Ihren Vorsteuerabzug gefährden. Zum anderen sollten Sie als Rechnungsaussteller fehlerfreie Ausgangsrechnungen erstellen, um Ärger mit den Kunden und unnötige Mehrarbeit zu vermeiden. Geld für den Fiskus, Ärger mit den Kunden – das muss nicht sein. Damit es keine Probleme gibt, ist auf die Einhaltung folgender Kriterien bei Ihren Rechnungen zu achten:

Was auf einer Rechnung nicht fehlen darf

Welche Mindestangaben eine Rechnung enthalten muss, hängt in erster Linie vom Rechnungsbetrag ab. Bei Kleinbetragsrechnungen mit einem Gesamtbetrag unter 250 € gelten Erleichterungen (siehe unten). Dagegen sind bei Rechnungen, die den Rechnungsbetrag von 250 € inklusive Umsatzsteuer überschreiten, grundsätzlich die folgenden Pflichtangaben erforderlich:

Pflichtangaben bei Rechnungsbeträgen > 250 €

1. Name und Anschrift des leistenden Unternehmers und des Leistungsempfängers
2. Steuernummer oder Umsatzsteuer-Identifikationsnummer des leistenden Unternehmers
3. Rechnungsdatum
4. Fortlaufende Rechnungsnummer
5. Menge und Bezeichnung der gelieferten Produkte bzw. Art und Umfang der erbrachten Dienstleistungen
6. Liefer- oder Leistungsdatum
7. Nettoentgelt, aufgeschlüsselt nach Steuersätzen und Steuerbefreiungen sowie eine im Voraus vereinbarte Minderung des Entgelts (z. B. Skonto)
8. Umsatzsteuersatz und Umsatzsteuerbetrag, aufgeschlüsselt nach Steuersätzen, und im Fall der Steuerbefreiung ein Hinweis auf die zutreffende Steuerbefreiungsvorschrift

Jetzt fragen Sie sich sicherlich: Auf der Quittung von der Tankstelle oder aus dem Büroartikelmarkt steht aber mein Name nicht drauf – verliere ich jetzt meinen Vorsteuerabzug? Nein, für sogenannte Kleinbetragsrechnungen bis zu einem Gesamtbetrag von 250 € gelten erleichterte Anforderungen. Das heißt: Nicht alle der oben genannten Pflichtangaben wie beispielsweise Ihr korrekter Name und Ihre Anschrift sind erforderlich. Kleinbetragsrechnungen müssen die folgenden Mindestangaben enthalten:

Pflichtangaben bei Rechnungsbeträgen < 250 €

1. Name und Anschrift des leistenden Unternehmers
2. Rechnungsdatum
3. Genaue Liefer- bzw. Leistungsbezeichnung
4. Bruttoentgelt
5. Umsatzsteuersatz

Bitte beachten Sie, dass bei bestimmten Umsätzen Besonderheiten bei der Rechnungsstellung gelten, z. B. bei Auslandsgeschäften, Bauleistungen, Differenzgeschäften u. a. Übrigens: Kleinunternehmer müssen auf ihrer Rechnung den Grund für die fehlende Umsatzsteuer angeben; ein solcher Hinweis könnte so aussehen: „Der Rechnungsbetrag enthält nach § 19 UStG keine Umsatzsteuer."

Wichtig: Sie müssen eine Kopie der von Ihnen ausgestellten Rechnungen sowie alle erhaltenen Rechnungen für 10 Jahre aufbewahren.

Elektronische Rechnungen: Für elektronische Rechnungen gelten die gleichen Pflichtangaben und Aufbewahrungspflichten wie bei Papierrechnungen. Seit Juli 2011 können Sie vereinfacht elektronische Rechnungen ausstellen und Ihren Kunden per E-Mail oder per Download zur Verfügung stellen, wenn diese damit einverstanden sind. Das Finanzamt akzeptiert jetzt auch elektronische Rechnungen ohne ein aufwendiges Signaturverfahren – die bisherige Signaturpflicht ist abgeschafft. Als Empfänger einer elektronischen Rechnung müssen Sie jedoch zum Vorsteuerabzug die Echtheit der Herkunft, also die korrekte Identität des Rechnungsausstellers, und die Unversehrtheit der Rechnung, also die manipulationsfreie Übermittlung, nachweisen können. Außerdem müssen Sie die **E-Rechnung** auch zwingend elektronisch speichern – nur die Aufbewahrung als Papierausdruck ist nicht ausreichend.

Mysterium fortlaufende Rechnungsnummer: Durch die Rechnungsnummer muss sichergestellt sein, dass die jeweilige Rechnung einmalig ist. Bei der Vergabe Ihrer Rechnungsnummer sind Sie relativ frei: Sie können eine oder mehrere Zahlen- und Buchstabenreihen oder auch eine Kombination aus Zahlen und Buchstaben verwenden. Es kommt nicht darauf an, dass die Rechnungsnummer lückenlos voranschreitet; entscheidend ist nur, dass die Rechnungsnummer tatsächlich einmalig ist und nicht wiederholt wird. Aber es ist natürlich sinnvoll, dass die Rechnungsnummern chronologisch verlaufen, so können Sie einfacher feststellen, ob Sie alle Rechnungen erfasst haben bzw. ob eine fehlt.

Auf einen Blick:

Die Gewerbesteuer – ein Unikat

Die deutsche Gewerbesteuer ist ein echtes Unikat, denn im Ausland sucht man nach einer Steuer dieser Art vergeblich. Nicht zuletzt deswegen steht die Gewerbesteuer immer wieder im Kreuzfeuer der Kritik und die Rufe nach ihrer Abschaffung hören nicht auf. Doch Totgesagte leben bekanntlich länger. Die Kritik beruht auf dem Argument, dass die Gewerbesteuer einseitig Gewerbebetriebe belaste. Der Gedanke hinter der Gewerbesteuer: Sie soll Ausgleich für die Infrastrukturlasten schaffen, die durch die Ansiedlung von Gewerbebetrieben verursacht werden. Die Lebenskraft der Gewerbesteuer erklärt sich damit, dass sie die wichtigste Einnahmequelle der Gemeinden und Städte ist. Die Gelder aus der Gewerbesteuer fließen fast vollständig in den Gemeindesäckel und jede Gemeinde hat das Recht, die Höhe der Gewerbesteuer über den Hebesatz selbst zu steuern. Also durchaus verständlich, dass die Gemeinden und Städte an ihrer geliebten Gewerbesteuer festhalten.

Wer muss Gewerbesteuer zahlen und wie viel?

Der Name sagt es: Wer einen Gewerbebetrieb betreibt, unterliegt der Gewerbesteuer, also jeder Gewerbetreibende. Im Umkehrschluss heißt das: Für Freiberufler ist die Gewerbesteuer kein Thema. Kapitalgesellschaften sind kraft Rechtsform der Gewerbesteuer unterworfen. Gewerbesteuerpflichtig sind zwar alle Gewerbetreibenden, aber gewerbliche Einzelunternehmer und Personengesellschaften profitieren von einem Freibetrag in Höhe von 24.500 €. Sofern also Ihr Gewinn unter dieser Marke liegt, ist keine Gewerbesteuer fällig. Erst wenn Sie diesen Freibetrag überschreiten, ist auf den übersteigenden Betrag Gewerbesteuer zu zahlen. Angenommen, Ihr Gewinn beträgt 25.000 €, dann sind 24.500 € frei und der Restbetrag von 500 € ist der Gewerbesteuer zu unterwerfen. Kapitalgesellschaften erhalten keinen Freibetrag.

Ausgangswert „Gewinn"

Bemessungsgrundlage für die Gewerbesteuer ist der Gewerbeertrag. Achtung, der Gewerbeertrag ist nicht gleichzusetzen mit dem Gewinn aus Ihrem Gewerbebetrieb. Ausgangswert für die Berechnung ist zwar grundsätzlich der Gewinn, dieser ist jedoch noch um eine Reihe von gewerbesteuerlichen Hinzurechnungen und Kürzungen anzupassen. Der so ermittelte Gewinn ist auf volle 100 € nach unten abzurunden, vorweg ist ein eventuell bestehender Verlustvortrag gegenzurechnen. Davon ist noch der Freibetrag von 24.500 € abzuziehen und der Saldo ist der Gewerbeertrag. Jetzt geht's auf die Zielgerade. Im nächsten Schritt ist der Gewerbesteuermessbetrag zu ermitteln, der sich aus der Multiplikation des Gewerbeertrags mit der einheitlichen Steuermesszahl von 3,5 % ergibt. Zum Schluss ist der ermittelte Gewerbesteuermessbetrag mit dem von Ihrer Heimatgemeinde festgelegten Hebesatz zu multiplizieren und das Ergebnis ist die Gewerbesteuer.

Einfach, oder? Das Ganze noch einmal kurzgefasst: Die Gewerbesteuer errechnet sich aus dem vom Gewinn abgeleiteten Gewerbeertrag, multipliziert mit 3,5 % und dem für die jeweilige Gemeinde gültigen Hebesatz. Zur Verdeutlichung nachstehend das genaue Berechnungsschema:

Berechnungsschema Gewerbesteuer
Gewinn
+ gewerbesteuerliche Hinzurechnungen
– gewerbesteuerliche Kürzungen
= Zwischensumme
– Gewerbeverlustvortrag
= vorläufiger Gewerbeertrag
Abrundung auf volle 100 €
– Freibetrag von 24.500 € (nicht f. KapG)
= Gewerbeertrag
× 3,5 % Steuermesszahl
= Gewerbesteuermessbetrag
× Hebesatz der Gemeinde
= Gewerbesteuer

Beispiel: Numerisch unterfüttert bringt das Folgende hoffentlich die Erleuchtung. Angenommen, Sie haben einen Gewinn (genauer: vorläufigen Gewerbeertrag) von 40.000 € und der Hebesatz Ihrer Heimatgemeinde beträgt 360 %, dann fällt Gewerbesteuer in Höhe von 1.953 € an. Der Betrag errechnet sich folgendermaßen: 40.000 € minus Freibetrag von 24.500 € = 15.500 € Gewerbeertrag × 3,5 % Steuermesszahl = 542,50 € Gewerbesteuermessbetrag × Gemeindehebesatz 360 % = 1.953 € Gewerbesteuer.

Anrechnung der Gewerbesteuer bei der Einkommensteuer

Das ist doch ungerecht: Der Gewerbetreibende muss Gewerbesteuer berappen, der Freiberufler nicht. Klingt nach einer steuerlichen Doppelbelastung für Gewerbetreibende – ist es aber nicht. Denn das wird bei der Kritik leicht vergessen: Die an die Gemeinde gezahlte Gewerbesteuer ist bei der Einkommensteuer anrechenbar, das heißt, die gezahlte Gewerbesteuer mindert Ihre Einkommensteuerschuld. Also zahlt der Gewerbetreibende zwar Gewerbesteuer und Einkommensteuer, doch aufgrund der Anrechnung der Gewerbesteuer bei der Einkommensteuer zahlt er grundsätzlich betragsmäßig nicht mehr Steuern als der Freiberufler! Das gilt, sofern Ihre Gemeinde einen Gewerbesteuerhebesatz unter 380 % erhebt, dann ist nämlich Ihre gezahlte Gewerbesteuer vollständig auf Ihre Einkommensteuerschuld anrechenbar.

Genau genommen beträgt die Anrechnung maximal das 3,8-Fache des Gewerbesteuermessbetrags auf den Teil der Einkommensteuer, der auf Ihre gewerblichen Einkünfte entfällt. Erst wenn Ihre Gemeinde oder Stadt einen höheren Hebesatz als 380 % erhebt, etwa wie die Großstädte Frankfurt, Hamburg oder München, kommt es zu einer Mehrbelastung. Spitzenreiter bei den Gewerbesteuerhebesätzen ist übrigens München mit 490 %. Im Extremfall München ist also ein Teil der gezahlten Gewerbesteuer nicht bei der Einkommensteuer anrechenbar, explizit sind das 3,85 % des Gewerbeertrags (= 490 % Hebesatz München abzüglich 380 % anrechenbarer Hebesatz = 110 % nicht anrechenbarer Hebesatz × 3,5 % = 3,85 %). Bezogen auf unser obiges Beispiel macht das eine betragsmäßige Mehrbelastung von 596,75 € aus (= 40.000 € abzüglich Freibetrag 24.500 € = 15.500 € × 3,85 %).

Fazit: Gewerbesteuer zahlen zu müssen bedeutet nicht, steuerlich doppelt zu bluten, denn die gezahlte Gewerbesteuer reduziert die Einkommensteuerschuld. Nur bei Gewerbetreibenden in Städten mit Hebesätzen über 380 % und mit hohen Gewinnen wirkt sich die Gewerbesteuer als zusätzliche Belastung aus, weil sie dann nicht vollständig bei der Einkommensteuer anrechenbar ist.

Wenn's mal nicht so läuft – Vortrag von Gewerbeverlusten

Ein kleiner Trost für den Fall, dass Sie Verluste mit Ihrem Gewerbebetrieb machen: Sie müssen dann keine Gewerbesteuer zahlen und die Verluste können Sie steuerlich vortragen. Das heißt, Sie können die Verluste in den Folgejahren mit Gewinnen verrechnen und so Steuern sparen. Der Verlustvortrag ist zeitlich unbegrenzt möglich. Es gilt allerdings eine Einschränkung für Großverdiener: Pro Jahr können nur Gewerbeerträge bis zu einer Million € vollständig neutralisiert werden, übersteigende Beträge sind dann nur noch zu 60 % mit Verlusten verrechenbar.

Weil aber die meisten Existenzgründer wohl unter einer Million € Gewinn bleiben, hier ein realistisches **Beispiel:** Angenommen, Sie haben im ersten Jahr Ihrer Existenzgründung einen Anlaufverlust von 50.000 € erzielt und im zweiten und dritten Jahr jeweils einen Gewinn (konkret: Gewerbeertrag vor Freibetrag) von 30.000 € erwirtschaftet. Dann zahlen Sie im ersten Jahr keine Gewerbesteuer und Sie haben Verluste zum Vortragen in Höhe von 50.000 €. Im zweiten Jahr wird der Gewinn in Höhe von 30.000 € vollständig durch den Verlustvortag neutralisiert, sodass keine Gewerbesteuer anfällt und ein Verlustvortrag von 20.000 € verbleibt. Im dritten Jahr wird der restliche Verlustvortrag von 20.000 € dem Gewinn von 30.000 € gegengerechnet. Der Restgewinn von 10.000 € liegt unter dem Freibetrag von 24.500 € – per saldo fällt also auch im dritten Jahr keine Gewerbesteuer an.

Steuererklärung und Vorauszahlungen

Die Gewerbesteuererklärung ist grundsätzlich bis zum 31. Juli des Folgejahres beim Finanzamt einzureichen – haben Sie einen Steuerberater, verlängert sich die Frist automatisch bis zum 28. Februar des übernächsten Jahres.

Das Besteuerungsverfahren bei der Gewerbesteuer verläuft zweigeteilt. Das Finanzamt ist zuständig für die Festsetzung des Gewerbesteuermessbetrags und für den Erlass des Gewerbesteuermessbetragsbescheids. Die Gemeinde schlägt dann auf den vom Finanzamt ermittelten Gewerbesteuermessbetrag ihren Hebesatz auf und teilt Ihnen die zu zahlende Gewerbesteuer per Gewerbesteuerbescheid mit. Zahlen müssen Sie die Gewerbesteuer an Ihre Gemeinde.

Unterjährig sind vierteljährliche Gewerbesteuer-Vorauszahlungen zu leisten. Die Termine sind 15. Februar, 15. Mai, 15. August und 15. November. Basis für die Festsetzung der Vorauszahlungen sind in den ersten beiden Jahren Ihrer Selbstständigkeit Ihre Angaben im steuerlichen Fragebogen; danach bemessen sich die

Vorauszahlungen auf der Grundlage des letzten Steuerbescheids. Sollten sich im laufenden Jahr Änderungen gegenüber den finanziellen Verhältnissen ergeben, auf denen die Vorauszahlungen basieren, können Sie jederzeit beim Finanzamt einen Antrag auf Anhebung oder Herabsetzung der Vorauszahlungen stellen.

Auf einen Blick:

Liquiditätsfalle Steuervorauszahlungen

Ob Einkommensteuer, Gewerbesteuer oder Körperschaftsteuer: Ihre tatsächliche Steuerschuld lässt sich erst nach Ablauf des Jahres im Zuge der Steuererklärung ermitteln. Der Fiskus will aber nicht ein ganzes Jahr auf seine Einnahmen warten, sondern hält bereits unterjährig die Hand auf. Das heißt, Sie haben vierteljährliche Vorauszahlungen auf Ihre später festzustellende Steuerschuld zu leisten.

Das System der Vorauszahlungen ist kein Novum des Steuerrechts, sondern begegnet uns in vielen Bereichen des Alltags. Beispielsweise bei der Stromabrechnung: Am Anfang werden Vorauszahlungen für den Stromverbrauch geschätzt, später werden durch Ablesen des Stromzählers der tatsächliche Stromverbrauch und die Stromkosten ermittelt. Je nachdem, ob Sie zu viel oder zu wenig vorausgezahlt haben, kommt es zu einer Erstattung oder Nachzahlung.

Das Gleiche in Grün gilt für das Steuerrecht: Erst vierteljährlich vorauszahlen, später bei der endgültigen Steuerfestsetzung eine Erstattung kassieren oder nachzahlen!

Existenzgründer legen die Höhe der zu leistenden Vorauszahlungen am Anfang selbst fest, indem sie im steuerlichen Fragebogen die Fragen zum erwarteten Gewinn im ersten und zweiten Jahr beantworten. Die sich aus diesen Angaben ergebende Jahressteuer ist dann in vier Raten vorauszuzahlen. Liegt der erste Steuerbescheid vor, werden auf seiner Basis die Vorauszahlungen für das laufende Jahr festgesetzt. In den Folgejahren basieren die laufenden Vorauszahlungen immer auf dem zuletzt festgesetzten Bescheid.

Das Finanzamt geht also von der vereinfachten Annahme aus, dass Ihre aktuellen Einkommensverhältnisse genauso wie im letzten Steuerbescheid sind.

Doch Obacht: Die Fehleinschätzung von Steuervorauszahlungen gehört zu den häufigsten Fallstricken bei Existenzgründungen. Rechnen Sie deswegen von Anfang an mit dem Finanzamt, aber realistisch! Wenn Sie zu Beginn Ihrer Selbstständigkeit versuchen, sich gegenüber dem Finanzamt bettelarm zu rechnen, um möglichst geringe oder vielleicht gar keine Vorauszahlungen leisten zu müssen, droht spätestens im verflixten dritten Jahr das böse Erwachen.

Verflixtes drittes Jahr: Und was passiert spätestens im dritten Jahr? Als vorbildlicher Steuerpflichtiger geben Sie Ihre erste Steuererklärung zum spätestmöglichen Zeitpunkt, also zum Ende Ihres zweiten Geschäftsjahrs, ab. Daraufhin schickt Ihnen das Finanzamt im dritten Jahr den ersten Steuerbescheid, der eine geballte Ladung zu zahlender Steuern in sich hat, nämlich:

1. Steuernachzahlung für das erste Jahr
2. Nachträgliche Anpassung der Vorauszahlungen für das zweite Jahr
3. Anpassung der Vorauszahlungen für das laufende Jahr

Autsch! Voll in die Steuerfalle getappt? Wenn Sie nicht regelmäßig Geld für die Steuer zurückgelegt haben, ist die Liquiditätskrise vorprogrammiert. Die Praxis zeigt: Viele Unternehmer finden immer wieder gute Gründe, um für allerlei Wichtiges und Unwichtiges Geld auszugeben, wenn Kohle auf dem Konto ist. Aber Geld für den Fiskus zu sparen, steht bei den meisten leider ganz unten auf der Popularitätsskala. So endet das Abenteuer Selbstständigkeit nicht selten vorzeitig im dritten Jahr! Denn das Finanzamt versteht keinen Spaß, wenn es um Steuerschulden geht.

Um das ganze Ausmaß der latenten Steuerfalle zu verdeutlichen, **ein Rechenexempel:** Sie sind bewusst vorsichtig und geben im steuerlichen Fragebogen bei der Gewinnschätzung für das erste und zweite Jahr jeweils eine Null an. Die Folge: Sie leisten erst einmal keine Vorauszahlungen. Das Geschäft läuft besser als erwartet und Sie verdienen im ersten Jahr 40.000 € und in den Folgejahren noch mehr. Bei einem zu versteuernden Einkommen von 40.000 € sind für einen Alleinstehenden ca. 10.000 € Steuern fällig. Im dritten Jahr kommt mit dem ersten Steuerbescheid der Knaller: Das Finanzamt will von Ihnen unglaubliche 22.500 €, nämlich eine Steuernachzahlung für das erste Jahr von 10.000 €, den gleichen Betrag als nachträgliche Vorauszahlung für das zweite Jahr und eine Vorauszahlungsrate für das laufende Jahr von 2.500 €. Jetzt haben Sie einen Monat Zeit, die Kohle aufzutreiben, weil dann die saftige Steuerzahlung fällig ist. Und was ist die Moral von der Geschicht? – Rechne mit dem Finanzamt, sonst machste dicht! Eine freiwillige Anpassung der Vorauszahlungen nach oben kann manchmal sinnvoll sein.

Aber auch der umgekehrte Fall, wenn Sie zu hohe Vorauszahlungen leisten, kann Sie in die Liquiditätskrise reißen. Sie zahlen auf Gewinne Steuern voraus, die Sie nicht erwirtschaften. Geld, das in Ihrem Betrieb fehlt! Lassen Sie in diesem Fall die Höhe der Vorauszahlungen nach Rücksprache mit dem Finanzamt herabsetzen.

So oder so: Behalten Sie die Höhe Ihrer Vorauszahlungen im Blick. Dies setzt voraus, dass Sie Ihre Buchführung zeitnah im Griff und Ihren Gewinn vor Augen haben. Rechnen Sie Ihren laufenden Gewinn aufs Jahr hoch und gleichen Sie Ihre Schätzung mit den Grundlagen ab, auf denen die Vorauszahlungen basieren. Sofern sich eine hohe Abweichung nach oben oder unten ergibt, reagieren Sie, indem Sie einen Änderungsantrag beim Finanzamt stellen oder Rücklagen bilden.

Die Einkommensteuer – eine für alle

Eine für alle: Ob Unternehmer, Arbeitnehmer, Kapitalanleger, Vermieter oder Rentner – über die Universalwaffe Einkommensteuer kriegt der Fiskus fast alle. Die Einkommensteuer ist eine Personensteuer, das heißt, sie greift auf die Einkunftsquellen von natürlichen Personen zu. Dabei spielen weder die Staatsangehörigkeit noch das Alter noch das Geschlecht eine Rolle. Einzig und allein die Tatsache, dass Sie in Deutschland wohnen oder sich länger als sechs Monate im Jahr hierzulande aufhalten (gewöhnlicher Aufenthalt), berechtigt den Fiskus, die Hände aufzuhalten.

Die Einkommensteuer ist für Selbstständige die wichtigste Steuer, weil sie betragsmäßig am stärksten ins Gewicht fällt. Und: Der Staat hält nicht nur bei Einkünften aus Ihrer unternehmerischen Tätigkeit die Hand auf, sondern erhebt auch Steueransprüche auf Einkünfte aus allen denkbaren Geldquellen – sogar auf Einkünfte, die Sie im Ausland erzielen. Genau genommen kennt die Einkommensteuer sieben Einkunftsarten:

> Die Einkommensteuer wird oft als Dauerstrafe für regelmäßiges Arbeiten fehlgedeutet.
> *(unbekannt)*

Sieben Einkunftsarten des Einkommensteuerrechts

1. Einkünfte aus Land- und Forstwirtschaft
2. Einkünfte aus Gewerbebetrieb (als Gewerbetreibender)
3. Einkünfte aus selbstständiger Arbeit (als Freiberufler)
4. Einkünfte aus nichtselbstständiger Arbeit (als Arbeitnehmer)
5. Einkünfte aus Kapitalvermögen
6. Einkünfte aus Vermietung und Verpachtung
7. Sonstige Einkünfte (z. B. Renten)

Unter **Einkünften** versteht der Gesetzgeber nichts anderes als die Differenz aus den jeweiligen Einnahmen und Ausgaben einer Einkunftsart. Bei unternehmerischen Einkünften ist das bekanntlich der Gewinn bzw. Verlust.

Ermittlung des zu versteuernden Einkommens

Die Einkommensteuer ist eine Jahressteuer. Nach Ablauf eines jeden Kalenderjahres ermittelt der Steuerpflichtige die Einkünfte für jede Einkunftsart zunächst einzeln, so etwa die Einkünfte aus selbstständiger Tätigkeit und die Einkünfte einer eventuell daneben noch ausgeübten nichtselbstständigen Tätigkeit. Das Ergebnis der einzelnen Einkünfte wird dann in einen Topf geschmissen und vermischt. So können Verluste aus einer Einkunftsart mit positiven Einkünften aus anderen Quellen verrechnet werden. Übrigens: Wenn Sie verheiratet sind und gemeinsam mit Ihrem Ehepartner eine Steuererklärung abgeben, werden auch dessen Einkünfte beigemischt. Das Gemisch aller Einkünfte nennt sich dann auf Amtsdeutsch Summe der Einkünfte.

Nun beginnt die private, aber steuerlich zu berücksichtigende Sphäre des Steuerpflichtigen. Denn ausgehend von der Summe der Einkünfte können noch bestimmte Privatausgaben, nämlich **Sonderausgaben** und **außergewöhnliche Belastungen**, und eventuelle **Freibeträge** abgezogen werden. Auch etwaige **Verlustvorträge aus Vorjahren** sind vorweg abziehbar. Das Überbleibsel ist das zu versteuernde Einkommen, auf das letztlich der Steuertarif anzuwenden ist.

Das war die Kurzform – das genaue Berechnungsschema des zu versteuernden Einkommens ist in Wahrheit etwas komplizierter. Oder um die Worte von Albert Einstein zu wiederholen: „Die Berechnung der Einkommensteuer ist für einen Mathematiker zu schwierig; dazu muss man Philosoph sein.“

Ermittlung des zu versteuernden Einkommens (leicht verkürzte Darstellung)

Summe der sieben Einkunftsarten (siehe oben)

– Altersentlastungsbetrag

= Gesamtbetrag der Einkünfte

– Verlustvortrag aus Vorjahren

– Sonderausgaben

– außergewöhnliche Belastungen

= Einkommen

– Freibeträge (z. B. Kinderfreibetrag)

= zu versteuerndes Einkommen

× Steuertarif

= zu zahlende Einkommensteuer

Verluste: Verlustvortrag und Verlustrücktrag

Nicht selten entstehen in der Startphase Anlaufverluste, aber auch später kann immer mal ein verlustträchtiges Jahr vorkommen. Davor ist kein Unternehmer gefeit. Diese Verluste gehen nicht verloren, sondern sie können zunächst im Entstehungsjahr mit anderen eigenen Einkünften oder bei Zusammenveranlagung mit Einkünften Ihres Ehepartners verrechnet werden. Wenn danach immer noch ein Verlustbetrag übrig bleibt, können Sie damit Ihre Steuern in anderen Jahren senken. Sie haben die Möglichkeit des **Verlustvortrags**, das heißt, Sie können den Verlust in künftigen Jahren von positiven Einkünften abziehen. Alternativ können Sie auch durch einen **Verlustrücktrag** den Verlust auf Ihre Einkünfte des Vorjahres anrechnen lassen und sich so im Vorjahr gezahlte Einkommensteuer zurückholen. Sie können grundsätzlich frei wählen, ob und inwieweit Sie Verluste vortragen oder auf das Vorjahr zurücktragen. Rechnen Sie einfach aus, welche Alternative für Sie lohnenswerter ist.

Aber dabei gibt es kleinliche Einschränkungen: Der Höchstbetrag für den Verlustrücktrag ins Vorjahr beträgt eine Million. Beim Verlustvortrag können pro Jahr positive Einkünfte nur bis zu einer Million € vollständig neutralisiert werden; übersteigende Beträge können dann nur noch zu 60 % mit Verlusten verrechnet werden.

Ein Beispiel: Ein Rechtsanwalt erzielt in 2018 als Angestellter ein Einkommen von 30.000 € (Einkünfte aus nichtselbstständiger Arbeit) und zahlt Lohnsteuer in Höhe von 6.000 €. In 2019 macht sich der Rechtsanwalt selbstständig und investiert kräftig mit der Folge, dass er in 2019 einen Verlust von 80.000 € ausweist (Einkünfte aus selbstständiger Arbeit). In 2020 läuft's und er erzielt einen Gewinn von 40.000 €.

Im Rahmen seiner Steuererklärung 2019 lässt er von dem erzielten Verlust von 80.000 € einen Teilbetrag von 30.000 € in das Vorjahr zurücktragen und den verbleibenden Verlust von 50.000 € in die Folgejahre vortragen. Das Ergebnis: In 2018 reduziert sich das Einkommen durch den Verlustrücktrag nachträglich auf null und das Finanzamt erstattet die gezahlte Einkommensteuer von 6.000 €. In 2019 wird wegen des Verlustes ohnehin keine Steuer erhoben und in 2020 wird durch den Verlustvortrag der Gewinn von 40.000 € neutralisiert, sodass auch in diesem Jahr keine Steuer anfällt. Für 2021 bleibt ein Verlustvortrag von 10.000 € übrig.

> Der Satz des Pythagoras umfasst 24 Worte, das Archimedische Prinzip 67, die Zehn Gebote 179, die amerikanische Unabhängigkeitserklärung 300 – und allein Paragraf 19a des deutschen Einkommensteuergesetzes 1862 Worte.
> *(Erwin Huber, deutscher Politiker)*

Zum Schmunzeln: Steigern Sie durch Verlustvorträge Ihre Attraktivität auf dem Heiratsmarkt

Wenn Sie auf Partnersuche sind, können Sie Ihre Attraktivität steigern, indem Sie etwaige steuerliche Verlustvorträge betonen. Genau diese Idee hatte wohl nach erfolgloser Partnersuche ein paarungswilliger Mann und veröffentlichte in einer Tageszeitung unter der Rubrik „Partnersuche“ den folgenden Text:

„Hallo, nette Unbekannte, findest du nicht auch, dass das Finanzamt viel zu viele Steuern einfordert? Würde es nicht auch dir Freude bereiten, gegenüber dem Finanzamt einige 100.000 Euro einzusparen? Wenn du nicht gebunden bist und mit mir eine Vernunftehe eingehen möchtest, können wir beide schon bald einer gewinnbringenden Zukunft entgegensehen. Wir könnten gemeinsam lachen, träumen und vor allem das Leben genießen!

Ich bin ein lebenslustiger, attraktiver, unabhängiger Typ, Ende 30, Nichtraucher, 1,73 m groß, 73 kg schwer, mit sportlicher Figur, strahlend blauen Augen, kurzen Haaren.

Wenn meine etwa 700.000 Euro Verlustvortrag dein Herz höher schlagen lassen, bist du die Richtige und ich möchte mit dir eine ehrliche und dauerhafte Beziehung aufbauen. Bei gegenseitiger Sympathie wird vielleicht ein doppelter Gewinn daraus …“

(Quelle: Mindener Tageblatt)

Sonderausgaben und außergewöhnliche Belastungen

Sie wissen: Kosten der privaten Lebensführung sind steuerlich nicht abzugsfähig. Aber aus sozialen oder wirtschaftspolitischen Gründen erklärt der Gesetzgeber ausnahmsweise eine Reihe von Privatausgaben für steuerlich abzugsfähig, nämlich besagte Sonderausgaben und außergewöhnliche Belastungen. Sie bleiben aber von ihrer Art her private Ausgaben.

Das Gesetz zählt einen abschließenden Katalog von Privatkosten auf, die als **Sonderausgaben** steuerlich abzugsfähig sind – zum Teil allerdings nur im Rahmen bestimmter Höchstbeträge. Dabei kann man zwischen Vorsorgeaufwendungen (Beiträge zu Kranken-, Pflege-, Arbeitslosen-, Unfall-, Haftpflicht-, Renten-, Lebens- und Berufsunfähigkeitsversicherungen) und sonstigen Sonderausgaben (z. B. Kirchensteuer, Kinderbetreuungskosten oder Spenden) unterscheiden.

Außergewöhnliche Belastungen sind im Gegensatz dazu im Gesetz nicht beispielhaft aufgezählt, sondern nur allgemein beschrieben. Hat ein Steuerpflichtiger zwangsläufig größere Aufwendungen als die überwiegende Mehrzahl derjenigen Steuerpflichtigen, die die gleichen Einkommens- und Vermögensverhältnisse und den gleichen Familienstand haben wie er, dann liegen außergewöhnliche Belastungen vor. Der Gesetzgeber will all jenen Steuerpflichtigen helfen, die unfreiwillig größere Ausgaben haben. Auf den ersten Blick sollte man glauben, dass hierunter zahlreiche Sachverhalte fallen. Bei genauer Betrachtung legt das Finanzamt die Messlatte allerdings hoch an. Tatsächlich fallen unter außergewöhnliche Belastungen hauptsächlich: Krankheitskosten, Kosten wegen Behinderung, Unterhaltszahlungen oder Pflegekosten.

Achtgegeben: Der Fiskus mutet Ihnen regelmäßig zu, dass Sie einen Eigenanteil dieser Kosten tragen. Daher sind nur jene Ausgaben steuerlich abzugsfähig, die die **zumutbare Belastung** übersteigen. Noch eines: Soweit Sie diese Kosten von Dritten erstattet bekommen, sind Sie nicht belastet und können steuerlich auch nichts geltend machen.

§

Rechtsprechung zum Schmunzeln: Schweigegelder, die gezahlt werden, damit der Ehepartner nichts von einem außerehelichen Verhältnis erfährt, sind nicht als außergewöhnliche Belastung abziehbar

Der Sachverhalt ist schnell erzählt: Ein liebestoller Ehemann betrügt seine herzkranke Ehefrau. Die Geliebte droht, der labilen Ehefrau von der Affäre zu erzählen. Da zahlt der Ehebrecher ein fünfstelliges Schweigegeld.

Nachdem seine herzkranke Gemahlin verstorben ist, denkt sich der Witwer wohl: „Mist, das Schweigegeld umsonst gezahlt. Aber ich bin doch nicht besteuert, ich hole mir das Geld vom Fiskus zurück.“ Die dreiste Idee: das Schweigegeld als außergewöhnliche Belastung steuerlich abzusetzen. Denn die Ausgabe ist fürwahr außergewöhnlich und außerdem zwangsläufig. Denn wegen der Herzkrankheit wären Leben und Gesundheit der Ehefrau gefährdet gewesen, hätte sie von der außerehelichen Beziehung erfahren. Dem Finanzamt hat‘s nicht gepasst und der Fall wanderte vor Gericht. Das Lustige: In der ersten Instanz traf der Ehemann wohl auf verständnisvolle Richter, die ihm überraschenderweise recht gaben. Die Begründung: Das Schweigegeld sei von seiner Art her sehr wohl außergewöhnlich, weil Erpressungen nicht zu den alltäglichen Erscheinungen gehören und die Zahlung wegen der Gesundheitsgefahr der Ehefrau notwendig gewesen sei.

Doch letztlich siegten Anstand und Moral, denn in der Berufung hat das höchste Gericht anders entschieden und dem Witwer den Steuerabzug für das gezahlte Schweigegeld

versagt. Für die höchsten Richter war entscheidend, dass der Ehemann sich aus freien Stücken in das außereheliche Verhältnis gestürzt und somit selbst die wesentliche Ursache für die Erpressung erzeugt hat. Das nennt man dann wohl Steuergerechtigkeit. Apropos Gerechtigkeit: Das irdische Urteil ist gefällt. Doch nicht nur auf Erden wird Recht gesprochen, sondern auch im Himmel gibt es einen letzten, höchsten Richter. Und dessen Urteil steht noch aus.
(*Bundesfinanzhof vom 18.03.2004, III-R-31/02*)

Der Einkommensteuertarif

Die Einkommensteuer errechnet sich durch Anwendung des Steuertarifs auf das zu versteuernde Einkommen. Zuerst muss also das zu versteuernde Einkommen ermittelt werden (siehe oben). Darauf ist in einem zweiten Schritt der Steuertarif aufzuschlagen. Die Einkommensteuer hat einen progressiven Steuertarif. Klingt kompliziert – und ist es auch. Grob übersetzt heißt **Steuerprogression**: Je mehr Sie verdienen, desto größer wird der Anteil, den der Staat als Steuer kassiert. Oder etwas salopp ausgedrückt: Wer mehr Asche macht, wird auch stärker zur Kasse gebeten. Das nennt der Fiskus dann Besteuerung nach der wirtschaftlichen Leistungsfähigkeit.

Der Staat gewährt jedem Steuerpflichtigen einen **Grundfreibetrag**, bis zu dem keine Steuer anfällt. Damit will der Gesetzgeber das Einkommen freistellen, das für den existenznotwendigen Lebensbedarf gebraucht wird (Existenzminimum). Bei Ledigen sind derzeit die ersten 9.168 € des Einkommens steuerfrei und bei Verheirateten bleibt das Doppelte **unbesteuert**, also 18.336 €.

Wenn dieser Grundfreibetrag überschritten ist, geht die steuerliche Belastung los – mit einem Eingangssteuersatz von 14 %. Der Steuersatz steigt mit wachsendem Einkommen bis auf 42 % (55.960 €). Bei Verheirateten gilt immer der doppelte Einkommensbetrag. Wichtig: In dieser Einkommenszone wird nicht jeder verdiente Euro gleich besteuert, sondern jeder zusätzliche Euro wird höher besteuert als der vorhergehende. Anders ausgedrückt: Für jeden Euro zusätzliches Einkommen wird ein höherer Steuersatz veranschlagt. Ab einem Einkommen von 55.961 € (Verheiratete: 111.922 €) wird jeder zusätzlich verdiente Euro mit 42 % gleichbleibend besteuert.

Sie haben‘s geschafft, wenn Sie einen Steuersatz von 45 % zahlen. Denn ab einem Einkommen von 265.327 € (Verheiratete: 530.654 €) springt der Steuersatz noch einmal – auf den Reichensteuersatz von 45 %. Ja, ja, vorbei sind die biblischen Zeiten, als die Untertanen nur den „Zehnten“ ihres Einkommens an die Obrigkeit abliefern mussten.

Die Einkommensteuer lässt sich wegen des komplizierten Tarifs nicht mal schnell per Hand ausrechnen. Mathematisches Können über die Grundrechenarten hinaus ist Mindestvoraussetzung. Aber keine Angst, es geht auch ohne akrobatische Gehirngymnastik. Denn der Fiskus veröffentlicht Einkommensteuertabellen, aus denen Sie die Einkommensteuer einfach ablesen können. Dabei ist zwischen zwei Tabellen zu unterscheiden: Die Grundtabelle gilt für Alleinstehende und die Splitting-Tabelle für Verheiratete.

Grundtabelle für Ledige/Splitting-Tabelle für Verheiratete (Steuertarif 2019, auszugsweise)

Zu versteuerndes Einkommen in €	Einkommensteuer in € (Grund/Splitting)	Durchschnitts-steuersatz in % (Grund/Splitting)	Grenzsteuersatz in % (Grund/Splitting)
bis 9.168	0/0	0,0/0,0	0,0/0,0
10.000	123/0	1,2/0,0	15,6/0,0
20.000	2.414/246	12,1/1,2	26,5/15,6
30.000	5.275/2.290	17,6/7,6	30,8/24,3
40.000	8.569/4.828	21,4/12,1	35,1/26,5
50.000	12.295/7.582	24,6/15,2	39,4/28,6
60.000	16.419/10.550	27,4/17,6	42,0/30,8
70.000	20.619/13.736	29,5/19,6	42,0/32,9
80.000	24.819/17.138	31,0/21,4	42,0/35,1
90.000	29.019/20.756	32,2/23,1	42,0/37,3
100.000	33.219/24.590	33,2/24,6	42,0/39,4

Die vorstehende Tabelle enthält neben der Einkommensteuer wichtige Zusatzinformationen für Sie, nämlich den **Durchschnitts- und den Grenzsteuersatz**. Das Wissen um den Durchschnitts- und Grenzsteuersatz hilft Ihnen bei den Fragen, in welcher Höhe Sie Steuerrücklagen bilden sollten und welche Steuerersparnis Ihre geplanten Investitionen tatsächlich bringen. Der **Durchschnittssteuersatz** gibt an, welcher Prozentsatz des gesamten zu versteuernden Einkommens an Steuern zu zahlen ist. Oder anders gesagt: Er gibt Auskunft darüber, welchen prozentualen Anteil an Ihrem Einkommen der Fiskus als Steuer kassiert. Angenommen, Sie planen als Alleinstehender mit einem Jahreseinkommen von 50.000 €, dann müssen Sie ein Viertel (24,6 %) Ihres Monatseinkommens für Steuerzahlungen zurücklegen.

Wenn Sie wissen wollen, wie groß der Staatsanteil an Ihren Einnahmen aus einem Zusatzauftrag ist, oder umgekehrt, wie hoch die Steuerersparnis durch eine Investition ist, müssen Sie Ihren **Grenzsteuersatz** kennen. Der Grenzsteuersatz gibt an, mit welchem Prozentsatz ein zusätzlich verdientes Einkommen besteuert wird oder ein Einkommensrückgang (Betriebsausgabe) steuerlich entlastend wirkt. Beachten Sie: Je größer der Einkommensbetrag ist, auf den der Grenzsteuersatz angewandt wird, desto ungenauer ist die errechnete zusätzliche Steuerbelastung oder Steuerentlastung. Die genaue zu erwartende Steuerlast können Sie übrigens mit dem Online-Steuerrechner des Bundesfinanzministeriums (www.abgabenrechner.de) unter dem Stichwort „Berechnung der Einkommensteuer“ ermitteln.

So wirkt die Steuerprogression: Unterschiedliche Verteilung des gleichen Gesamteinkommens über zwei Jahre (lediger Steuerzahler)

Jahr	**Schwankendes Einkommen**		**Gleichmäßig verteiltes Einkommen**	
	Einkommen	Einkommensteuer	Einkommen	Einkommensteuer
2018	10.000 €	149 €	40.000 €	8.670 €
2019	70.000 €	20.619 €	40.000 €	8.569 €
Gesamt	**80.000 €**	**20.768 €**	**80.000 €**	**17.239 €**
Differenz	**3.529 €**			

Sie sehen, wie die Steuerprogression wirkt: Wenn das Einkommen nicht schwankt, zahlen Sie für das gleiche Einkommen über zwei Jahre ganze 3.529 € weniger Einkommensteuer. Also: Versuchen Sie die Steuerprogression zu umschiffen, indem Sie Ihr Einkommen, so gut es geht, glätten.

„Neben der Ehe ist die Einkommensteuer das größte Fiasko der Menschheit. Man wird laufend zum Betrug gezwungen.“ (*Ephraim Kishon, Schriftsteller)*

Einkommensteuererklärung und Vorauszahlungen

Alle Jahre wieder: Als Selbstständiger müssen Sie für jedes abgelaufene Kalenderjahr grundsätzlich bis zum 31. Juli des Folgejahres eine Einkommensteuererklärung abgeben. Steuerpflichtige, die durch einen Steuerberater vertreten werden, genießen den Vorteil, dass sich die Abgabefrist automatisch bis zum 28. Februar des übernächsten Jahres verlängert. Aber auch, wenn Sie die Steuererklärung selber machen, können Sie eine Fristverlängerung beantragen.

Ehegatten geben üblicherweise gemeinsam eine Steuererklärung ab. Die Zusammenveranlagung ist in der Regel durch gemeinsame Ausnutzung von Freibeträgen und durch Anwendung des Splitting-Tarifs günstiger. Beim Splitting-Verfahren wird die Einkommensteuer nach der Hälfte des gemeinsam zu versteuernden Einkommens berechnet und dann verdoppelt. Dadurch wird in Fällen, in denen die Ehegatten unterschiedlich verdienen oder sogar ein Ehepartner kein Einkommen hat, der Progression die Spitze genommen.

Weil der Fiskus nicht ein ganzes Jahr lang auf seine Einnahmen warten will, verlangt er vierteljährliche Vorauszahlungen auf Ihre später festzustellende Steuerschuld, fällig zum 10. März, 10. Juni, 10. September und 10. Dezember (ausführliche Infos zum Vorauszahlungsverfahren siehe S. 142 f.).

Exkurs Lohnsteuer: Die Lohnsteuer ist keine eigene Steuerart, sondern eine besondere Erhebungsform der Einkommensteuer. Bei Einkünften aus nichtselbstständiger Arbeit wird die Lohnsteuer vom Arbeitslohn abgezogen. Steuerschuldner ist der Arbeitnehmer, aber der Arbeitgeber muss die Lohnsteuer berechnen und an das Finanzamt abführen.

Auf einen Blick:

Welche Unterlagen benötigen Sie für Ihre Steuererklärungen?

Das Finanzamt verlangt eine Menge Papier von Ihnen. Damit die Fiskalritter Ihre Steuer richtig festsetzen können, müssen Sie mindestens die folgenden Unterlagen abliefern:

➡ **Ihre Gewinnermittlung:**
Einnahmen-Überschuss-Rechnung (Formular „EÜR") mit Anlageverzeichnis (Formular „AVEÜR") oder Ihre Bilanz mit Anlageverzeichnis plus Gewinn-und-Verlust-Rechnung, gegebenenfalls mit Anhang.

➡ **Ihre Einkommensteuererklärung:**
Formular „Einkommensteuererklärung" nebst Anlagen. Freiberufler geben zusätzlich das Formular „Anlage S" (Einkünfte aus selbstständiger Arbeit) und Gewerbetreibende das Formular „Anlage G" (Einkünfte aus Gewerbebetrieb) ab. Für andere Einkunftsarten sind jeweils auch separate Anlagen einzureichen, etwa bei Vermietungstätigkeit die „Anlage V" oder bei Angestelltentätigkeit die „Anlage N".

➡ **Ihre Umsatzsteuersteuererklärung:**
Formular „Umsatzsteuererklärung", gegebenenfalls mit der Anlage „UR" für umsatzsteuerfreie Leistungen

➡ **Ihre Gewerbesteuererklärung** (nur Gewerbetreibende): Formular „Gewerbesteuererklärung"

Alle erforderlichen Formulare finden Sie im Internet unter www.elster-formular.de oder www.elster.de.

! Wichtig: Selbstständige müssen ab dem Jahr 2011 ihre Steuererklärungen auf elektronischem Weg beim Finanzamt abgeben. Das kann auf zwei Arten geschehen: Sie nutzen das offizielle Programm der Finanzverwaltung (Elster-Formular) oder ein kommerzielles Steuerprogramm. Keine Angst vor der elektronischen Abgabe, denn inhaltlich ändert sich nichts. Statt der Vordrucke auf Papier haben Sie jetzt die Formulare auf dem Bildschirm.

Und noch eines, wenn Sie nicht gleich Ihren zuständigen Finanzbeamten verärgern wollen: Als Selbstständiger geben Sie **nicht** Ihre vollständige Belegsammlung im Schuhkarton oder Ordner beim Finanzamt ab. Also: Nicht Ihre freundlichen Staatsdiener zumüllen, sondern nur das Ergebnis aller Belege, Ihre Gewinnermittlung und Steuererklärung, abgeben. Erst später will der Fiskus im Rahmen einer Betriebsprüfung Belege sehen. Deswegen unbedingt die Belege sicher aufbewahren – es besteht eine Aufbewahrungspflicht (mehr dazu in Teil V, S. 213 ff.)!

Solidaritätszuschlag und Kirchensteuer

Solidaritätszuschlag und Kirchensteuer sind Ergänzungsabgaben zur Einkommensteuer. Der Fiskus schlägt sie also auf die Einkommensteuer drauf. Der **Solidaritätszuschlag** ist mit dem Ziel eingeführt worden, die „Deutsche Einheit“ zu finanzieren. Klagen über seine angebliche Verfassungswidrigkeit und Rufe nach seiner Abschaffung erschallen seit Jahren, aber der Solidaritätszuschlag hält sich hartnäckig und dank leerer Staatskassen dürfte er sich eines langen Lebens erfreuen. Der Solidaritätszuschlag beträgt 5,5 % der Einkommensteuer.

Manche Religion gibt‘s bedauerlicherweise nicht zum Nulltarif. Gehören Sie einer Kirche an, müssen Sie **Kirchensteuer** berappen. Die Glaubensabgabe beträgt je nach Bundesland 8 % oder 9 % der Einkommensteuer. Verwunderlich ist nur, dass man das Wort Kirchensteuer bislang in der Heiligen Schrift vergebens sucht. Oder um es mit den Worten eines Freundes auszudrücken: „Mit dem himmlischen Kapitän habe ich kein Problem, nur mit dem überbezahlten Bodenpersonal.“

> Es gehört zu den Mysterien meines Christseins, dass mein Glaube immer schwächer wird und die Kirchensteuer laufend höher.
> *(Nikolaus Cybinski, deutscher Lehrer, Autor und Aphoristiker)*

Körperschaftsteuer

Die Körperschaftsteuer ist sozusagen die Einkommensteuer der Kapitalgesellschaften. Also, die Körperschaftsteuer ist nur für Selbstständige von Interesse, die ihr Geschäft in dem Rechtskleid einer Gesellschaft mit beschränkter Haftung (GmbH), einer haftungsbeschränkten Unternehmergesellschaft (UG) oder einer Aktiengesellschaft (AG) betreiben. Besteuerungsgrundlage ist – ebenso wie für die Einkommensteuer – das Einkommen. Ausgangswert für das Einkommen ist grundsätzlich der Gewinn der Kapitalgesellschaft, dieser ist jedoch noch um eine Reihe von steuerlichen Hinzu- und Abrechnungen zu korrigieren. Der Körperschaftsteuersatz beträgt einheitlich 15 % nebst 5,5 % Solidaritätszuschlag auf die Körperschaftsteuer, also in der Summe 15,825 %. Einheitlich bedeutet, dass es keine Steuerprogression wie bei der Einkommensteuer gibt und daher jeder verdiente Euro gleich besteuert wird.

Alle Steuerfüchse, bei denen durch das Stichwort vom einheitlichen Steuersatz von 15,825 % soeben das Programm „Steuern sparen, koste es, was es wolle" gestartet wurde, jetzt gut aufgepasst: Die Kapitalgesellschaft ist nicht in jedem Fall die steuerlich günstigere Rechtsform, vielmehr ist sie bei geringeren und mittleren Einkommen (< 65.000 € p. a.) teurer. Denn: **Erstens** muss die Kapitalgesellschaft neben Körperschaftsteuer auch Gewerbesteuer zahlen, je nach Gemeinde zwischen 10,5 % und 17,15 %. Und der Kapitalgesellschaft werden keine Freibeträge gewährt, sodass bereits ab dem ersten Euro Gewinn Körperschaft- und Gewerbesteuer fällig sind. **Zweitens**: Wenn der Unternehmer über den auf Ebene der Kapitalgesellschaft erzielten Gewinn nach Steuern privat verfügen will, muss der Gewinn ausgeschüttet werden. Auf die Gewinnausschüttung sind dann noch einmal 25 % Abgeltungssteuer nebst Solidaritätszuschlag abzudrücken. Alternativ kann der ausgeschüttete Gewinn zu 60 %

in der privaten Steuererklärung angesetzt und mit dem persönlichen Steuersatz versteuert werden. Das war die vereinfachte Kurzform. Die Besteuerung von Kapitalgesellschaften und ihren Anteilseignern ist in der Praxis viel komplizierter und birgt viele Fallstricke. Wenn Sie in der Rechtsform einer Kapitalgesellschaft starten wollen, tun Sie sich etwas Gutes und lassen Sie sich beraten. In den meisten Fällen ist es günstiger, ein Beraterhonorar zu zahlen, als teures Lehrgeld.

Auf einen Blick:

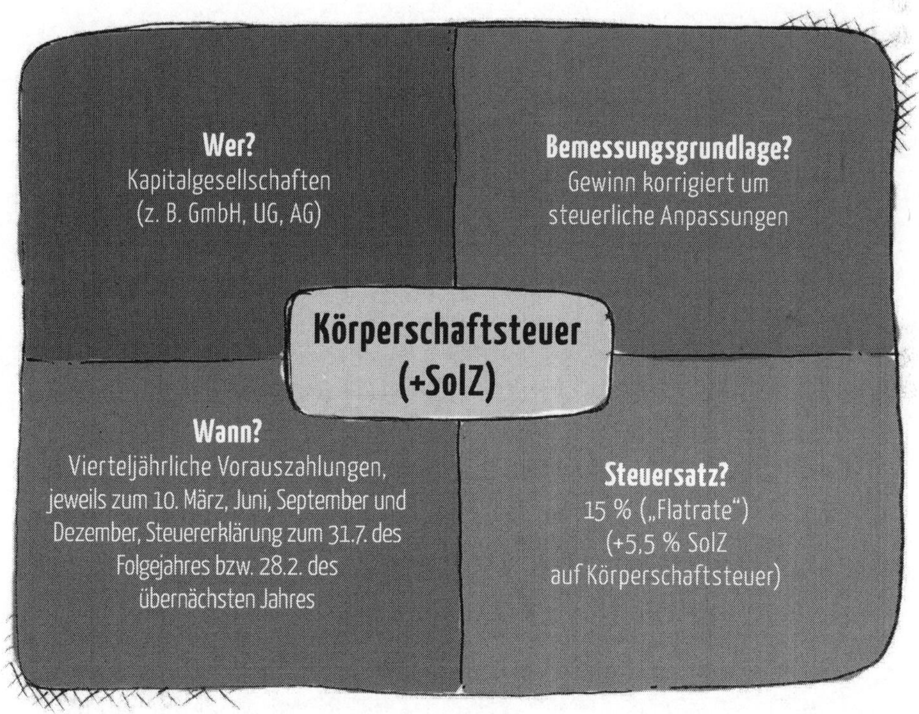

Skurrile Steuerarten

Deutschland ist total besteuert: Hierzulande werden immer wieder neue Steuern erfunden, obwohl der Bürger die alten schon nicht zahlen will. Unser Gesetzgeber orientiert sich wohl an Höherem: Frei nach dem Motto „Gott hat Moses auch nicht gefragt, ob er Einwände gegen die Zehn Gebote hat“ werden Steuern als gottgegeben eingeführt. Der deutsche Steuerwahnsinn manifestiert sich inzwischen in über 40 Steuerarten.

Dabei ist die Kreativität des Fiskus grenzenlos, wenn es darum geht, neue Geldquellen zu erschließen. Oder wäre Ihnen die **Sexsteuer** eingefallen? Finanznot macht ja bekanntlich erfinderisch. So besteuern einige klamme Städte die käufliche Liebe, um ihre leeren Kassen zu füllen. Die spannende Frage, die sich der Wissensdurstige an dieser Stelle stellt: Was ist eigentlich Bemessungsgrundlage der Sexsteuer? Häufigkeit, Zeitdauer oder gar Qualität des zu bezahlenden Liebesakts? Nein! Die Sexsteuer bemisst sich „pro Veranstaltungstag“. Das heißt: „Leichte Damen und Herren“ müssen pro Arbeitstag, an dem sie dem „ältesten Gewerbe“ nachgehen, 6 € Steuern berappen. Oder um es im nüchternen Amtsdeutsch der Satzung der Stadt Köln über die Erhebung einer Steuer auf Vergnügungen besonderer Art zu formulieren: „Bei sexuellen Handlungen gegen Entgelt beträgt die Steuer unabhängig von der tatsächlichen zeitlichen Inanspruchnahme und der Anzahl der sexuellen Handlungen für jede/n Prostituierte/n 6 € pro Veranstaltungstag.“

So weit, so gut. Doch wie stellt man fest, ob die Steuer auch ordentlich abgeführt wird? Ganz einfach: Man stellt einen Sexsteuer-Automaten auf. Unglaublich, aber wahr. Die Realität ist manchmal absurder als jede Satire: In Bonn steht der erste Sexsteuer-Automat! Der elektronische Steuereintreiber funktioniert wie ein

Parkscheinautomat. Prostituierte müssen täglich vor Arbeitsbeginn ein Ticket ziehen – so die Theorie. Und um zu überwachen, dass auch vorschriftsmäßig Tickets gelöst werden, schickt die Stadt Kontrolleure, sozusagen Sexsteuer-Politessen, raus. Wer ohne gültiges Ticket erwischt wird, muss 100 € „Busengeld" zahlen. Und wen's interessiert: Das Sexsteueraufkommen ist in Frankfurt am höchsten.

Der Steuerwahnsinn ist keine Modeerscheinung. Auch in vergangenen Zeiten entfalteten die Kämmerer große Fantasie beim Erfinden neuer Steuerarten. Anstelle der Unmoral besteuerte man früher die Keuschheit. Im 18. Jahrhundert mussten in Preußen Jungfrauen und Unverheiratete zwischen 20 und 40 Jahren monatlich zwei Groschen **Jungfernsteuer** abführen. Nichts für Tierfreunde war die **Spatzensteuer**, die im 18. Jahrhundert in Württemberg erhoben wurde. Weil die kleinen Vögel das Saatgut von den Feldern pickten, wurde jeder Bürger verpflichtet, zwölf Spatzen zu fangen. Wer nicht genügend tote Spatzen lieferte, musste berappen. Kurioser war's nur in Russland. Dort wurden Bartträger zur Staatsfinanzierung herangezogen. Zar Peter der Große kassierte im 18. Jahrhundert eine **Bartsteuer** von Untertanen, die sich nicht von ihrer Gesichtsbehaarung trennen wollten. Angeblich ging es dem Zaren gar nicht darum, den Staatssäckel zu füllen, sondern vielmehr um ein modernes Erscheinungsbild seiner Untertanen. Wer nicht zahlte, dem drohte die öffentliche Rasur.

Schon im alten Rom erhitzten Steuern die Gemüter. Eine bekannte Redensart entstand aus der Erhebung einer Steuer auf die menschliche Notdurft: „Pecunia non olet – Geld stinkt nicht", erwiderte der römische Kaiser Vespasian seinem Sohn, der die frisch eingeführte **Latrinensteuer** als anrüchig tadelte.

Latrinensteuer, Spatzensteuer oder Bartsteuer haben nicht überlebt, aber andere Steuern fristen ein zähes Leben. So existiert heute noch die **Schaumweinsteuer**, die zu Kaiser Wilhelms Zeiten eingeführt wurde, um die Kriegsflotte zu finanzieren. Legen wir die Halbwertzeit der Schaumweinsteuer als Maßstab an, besteht wenig Hoffnung, dass der Solidaritätszuschlag noch in diesem Jahrhundert abgeschafft wird. Ein Musterbeispiel selbstloser Steuerpolitik ist übrigens die **Alcopopsteuer**. Sie besteuert alkoholhaltige Süßmischgetränke und wurde offiziell mit der Begründung eingeführt, junge Menschen vor den Gefahren des Alkoholkonsums zu schützen. Ja nee, is klar, wegen der Volksgesundheit – und die Erde ist eine Scheibe! Der Staat will immer nur unser Bestes – unser Geld.

Rauchen und trinken sind wohl die angenehmsten Arten, Steuern zu zahlen! Über **Tabaksteuer, Biersteuer, Alkoholsteuer** und Co. kassiert der Finanzminister bei vielen kleinen Lastern mit. Und wann haben Sie zum ersten Mal bemerkt, dass es Ihnen Spaß macht, Steuern zu zahlen?

Aber auch gescheiterte Steuerpläne verdienen es, ans Licht gebracht zu werden. Getreu der Devise „Der Steuerzahler ist das einzige Lebewesen, dem man das Fell mehrmals über die Ohren ziehen kann" schrecken findige Haushaltspolitiker auch vor abstrusen Einfällen nicht zurück. Die Vorschläge der jüngeren Vergangenheit reichen von der **SMS-Steuer**, der **Solariumsteuer** über eine **Schönheits-OP-Steuer** bis hin zur **Fast-Food-Steuer**. Lustig, aber mit ernstem Hintergrund: die **CO-2-Steuer**, die Besitzer von rülpsenden Kühen bezahlen sollen, weil so ein Treibhausgas ausstoßendes Rindvieh wohl mehr Klimaschaden als ein Kleinwagen verursacht.

Was lernen wir aus diesem Streifzug durch die Steuergeschichte? Steuerreformen dienen dazu, die Steuerzahler so zu entlasten, dass sich der Staatssäckel füllt. Wenn der Staat sparen muss, erhöht er zuerst die Steuern. Das ist ja auch einfacher, als weniger auszugeben.

> Es gibt keine Kunst, die eine Regierung schneller von einer anderen lernt, als die Kunst, den Leuten das Geld aus der Tasche zu ziehen. (*Adam Smith, schottischer Ökonom des 18. Jahrhunderts*)

TEIL V

Steuerliche Sonderfragen

In diesem Teil erfahren Sie …

- wie des Deutschen liebstes Kind – das Auto – besteuert wird.
- wie Sie Ihr Arbeitszimmer steuerlich geltend machen.
- alles über Bewirtungskosten, Geschenke und Reisekosten.
- wie Sie sich mit Eigenbelegen den Betriebsausgabenabzug sichern.
- wann Sie den alten Steuerkram in die Tonne geben können (Aufbewahrungspflicht).
- wie Sie mit Investitionen von morgen heute Steuern sparen.
- wie Sie sich gegen das Finanzamt wehren.
- was Sie tun, wenn der Betriebsprüfer klingelt.

Geschäftswagen sponsored by Finanzamt?

Deutschland, Autoland. Die Deutschen lieben Autos. Und so weckt auch kaum ein anderes Steuerthema so viel ungeteilte Aufmerksamkeit bei Unternehmern wie die Geschäftswagenbesteuerung. Eine schöne Vorstellung: einen flotten Flitzer fahren, Kunden und Geschäftspartner mit der neuen Kutsche beeindrucken und das Beste: Alles sponsored by Finanzamt! Fühlt sich an wie Weihnachten und Ostern zusammen, aber eine solche Rechnung hat leider das Milchmädchen gemacht.

Wer einen Pkw betrieblich und privat nutzt, kann Steuer sparen – aber auch schnell vom Finanzamt ausgebremst werden und statt auf der Überholspur auf dem Standstreifen landen. Die weitverbreitete Meinung, dass Unternehmer sämtliche Kosten ihres Geschäftswagens von der Steuer absetzen können, ist nur die halbe Wahrheit. Richtig ist, dass das Finanzamt sich an den Kosten beteiligt. Aber der Fiskus finanziert nicht Ihr Privatvergnügen, nur die Kosten für den betrieblichen Nutzungsanteil des Kfz sind steuerlich absetzbar.

Die Kfz-Besteuerung ist verzwickt, mit lästigen Aufzeichnungspflichten verbunden und stetiger Zankapfel zwischen Steuerpflichtigen und Finanzbehörden. Das Finanzamt kennt verschiedene Besteuerungsmethoden, wobei Sie nicht immer frei nach Lust und Laune wählen können. Ausgangspunkt für die steuerliche Behandlung ist die Frage, ob Sie sich mit einem Privatwagen oder Firmenwagen geschäftlich fortbewegen.

Betriebs- oder Privat-Pkw?

Von einem Betriebs-Pkw oder Geschäftswagen spricht man, wenn der Pkw zum Betriebsvermögen des Steuerpflichtigen gehört. Die Zuordnung zum Privatvermögen oder Betriebsvermögen hängt vom Umfang der betrieblichen Nutzung des Pkw ab, also vom Verhältnis der betrieblichen gefahrenen Kilometer zu den Gesamtkilometern. Zu der betrieblichen Nutzung zählen auch die Fahrten zwischen Wohnung und Betriebsstätte.

Und so sind die Regeln: Nutzen Sie Ihren Pkw zu mehr als 50 % geschäftlich, dann ist Ihr fahrbarer Untersatz zwingend Betriebsvermögen. Liegt die betriebliche Nutzung unter 10 %, ist immer Privatvermögen anzunehmen. Bei einer betrieblichen Nutzung zwischen 10 % und 50 % können Sie entscheiden, ob Sie das Fahrzeug als Betriebsvermögen oder Privatvermögen behandeln (Wahlrecht). Das Ganze für‘s Auge zusammengefasst:

Betriebliche Nutzung des Pkw		
< 10 %	> 10 % und < 50 %	> 50 %
Privatvermögen	Privat- oder Betriebsvermögen (Wahlrecht)	Betriebsvermögen

Apropos „dem Betriebsvermögen zuordnen": Das klingt so mystisch. Bedeutet aber nichts anderes, als dass Sie die Kosten für Ihren Wagen in Ihren „Büchern" bzw. in Ihrer Einnahmen-Überschuss-Rechnung ansetzen, wenn er zum Betriebsvermögen gehören soll. Dabei spielt es keine Rolle, ob Sie Ihren Firmenwagen mit Eigenkapital gekauft, finanziert, geleast oder aus dem Privatvermögen eingelegt haben. Zu den Fahrzeugkosten gehören Abschreibungen auf den Kaufpreis oder Leasingraten, falls Ihr Wagen geleast ist, Finanzierungszinsen, Spritkosten, Kfz-Steuer und Versicherung, Reparaturen, Wagenpflege u. a.

Privatwagen ins Betriebsvermögen einlegen: Nicht unüblich bei Existenzgründern ist, dass der privat angeschaffte Pkw ins Betriebsvermögen eingelegt wird. Der Wagen ist dann mit dem aktuellen Marktwert in den Büchern anzusetzen und abzuschreiben. Sofern Sie Ihr Fahrzeug innerhalb von drei Jahren vor der Einlage gekauft haben, ermittelt sich der Marktwert aus dem Kaufpreis abzüglich der bis dato rechnerisch angefallenen Abschreibungen. Sind seit der privaten Anschaffung mehr als drei Jahre verstrichen, ist der Marktwert realistisch zu schätzen. Hierfür können Sie sich beispielsweise an den aktuellen Werten aus der Schwacke-Liste orientieren oder Sie lassen den Preis von einem Kfz-Gutachter schätzen.

Privatwagen betrieblich nutzen

Gehört Ihr Pkw zum Privatvermögen, sind zuerst einmal alle laufenden Kosten für Ihr Fahrzeug wie etwa Benzin, Leasingrate, Kfz-Steuer, Kfz-Versicherung und Co. nicht als Betriebsausgaben abziehbar, sondern Privatsache. Aber: Der Fiskus gewährt Ihnen den Steuerabzug für die betriebliche Nutzung Ihres Privatwagens über eine **Kilometerpauschale**. Das heißt: Für geschäftliche Fahrten können Sie dann pauschal 30 Cent pro gefahrenen Kilometer absetzen – damit sind dann die gesamten Pkw-Kosten steuerlich abgegolten (*die **30-Cent-Pauschale** stammt noch aus der Zeit, als die Autobahnen mit Pferdekutschen befahren wurden*).

Zu den betrieblichen Fahrten zählen nicht nur originäre Geschäftsfahrten wie Kundenbesuche oder Treffen mit Geschäftspartnern, sondern auch Fahrten zur Postfiliale, zur Bank, zum Büroartikelmarkt. Es können die tatsächlich gefahrenen Kilometer angesetzt werden, also die Gesamtstrecke der Geschäftsfahrt mit Hin- und Rückfahrt. Anders bei Fahrten zwischen Wohnung und Betriebsstätte – hier erlaubt der Fiskus nur, die einfache Strecke abzurechnen.

Ihre betrieblich gefahrenen Kilometer müssen Sie aufzeichnen, aber kein aufwendiges, echtes Fahrtenbuch führen. Eine einfache Aufstellung der betrieblichen Fahrten per Hand oder PC mit den Angaben Datum, Ziel, Anlass der Fahrt sowie Anzahl der gefahrenen Kilometer ist ausreichend. Die Privatfahrten müssen Sie nicht verzeichnen.

Diese Abrechnungsart lohnt sich vornehmlich dann, wenn Sie weniger oft geschäftlich unterwegs sind und eher einen älteren, weniger kostenintensiven Wagen fahren.

! TIPP: Wenn Ihnen die 30-Cent-Pauschale zu niedrig erscheint, können Sie auch die nachgewiesenen tatsächlichen Kilometerkosten (jährliche Pkw-Kosten/Jahresfahrleistung) ansetzen. Dafür müssen Sie zwar sämtliche Belege über Ihre Pkw-Kosten sammeln und zusammenrechnen, der Aufwand kann sich aber lohnen.

Besteuerung des Geschäftswagens

Wenn Sie Ihren Wagen dem Betriebsvermögen zuordnen, dann sind zunächst sämtliche Kosten für Ihr Firmenfahrzeug als Betriebsausgaben abziehbar. Im zweiten Schritt ist dann die Privatnutzung Ihres Geschäftswagens als Betriebseinnahme zu versteuern. Denn die Fahrt in den Urlaub, zu Verwandten, Freunden oder zum Sportverein ist Privatvergnügen und darf nicht Ihre Steuerlast drücken. Die bloße Behauptung, der Geschäftswagen werde nicht privat genutzt, reicht dem Fiskus nicht aus. Die Beweislast für den Umfang der betrieblichen bzw. privaten Nutzung des Firmen-Pkw trifft Sie und ist mit lästigen Aufzeichnungspflichten verbunden.

Also: Wer den Geschäftswagen auch privat nutzt, muss diesen Vorteil versteuern. Um den Vorteil aus der Privatnutzung zu ermitteln, gibt es zwei Methoden:

1. **Fahrtenbuchmethode**
2. **1-%-Methode**

Fahrtenbuchmethode

Nach der Fahrtenbuchmethode ermitteln Sie durch das Führen eines Fahrtenbuchs den genauen Anteil der betrieblich und privat gefahrenen Kilometer. Der Privatanteil ist dann den Gesamtfahrzeugkosten als fiktive Betriebseinnahme gegenzurechnen. Doch Vorsicht: Sie müssen eine gesunde Portion Disziplin mitbringen, denn schließlich müssen Sie jede (!) Fahrt aufzeichnen. Ohne Ausnahme ist jeder gefahrene Kilometer chronologisch zu dokumentieren. Und so geht's genau: Sie notieren zeitnah und fortlaufend über das ganze Jahr in einem gebundenen Buch alle nachstehenden Informationen:

- Datum
- Kilometerstand zu Beginn und am Ende der Fahrt
- Reiseziel, Reisezweck und besuchte Geschäftspartner

Bei Privatfahrten und Fahrten zwischen Wohnung und Betrieb gelten Aufzeichnungserleichterungen. In diesen Fällen genügt die Angabe der gefahrenen Kilometer und ein kurzer Vermerk wie „Privat" bzw. „Betrieb".

Ihre Aufzeichnungen müssen Sie zwingend in einem gebundenen Heft oder Buch führen, eine lose Zettelwirtschaft erkennt der Fiskus nicht an. Machen Sie Ihre Eintragungen mit Kugelschreiber, sodass Änderungen, Streichungen und Ergänzungen nachvollziehbar sind. Bei elektronischen Fahrtenbüchern müssen nachträgliche Änderungen der aufgezeichneten Daten technisch ausgeschlossen sein oder zumindest dokumentiert werden können. Einfache Excel-Tabellen genügen dieser Anforderung nicht.

Wichtig: Achten Sie darauf, dass Ihre Kilometerstände laut Fahrtenbuch mit den tatsächlichen Kilometerständen, die sich etwa aus Reparaturrechnungen entnehmen lassen, übereinstimmen. Sonst beanstanden eifrige Finanzbeamte die Ordnungsmäßigkeit Ihres Fahrtenbuchs und es drohen Steuernachzahlungen! Doch nach ständiger Rechtsprechung darf das Finanzamt ein Fahrtenbuch wegen kleinerer Mängel nicht verwerfen, wenn die Angaben insgesamt plausibel sind. Also geben Sie nicht vorschnell klein bei!

Ein Beispiel: Ihre jährlichen Gesamtfahrzeugkosten (Leasingrate, Benzin, Kfz-Steuer etc.) betragen netto – also ohne Umsatzsteuer – 10.000 €. Nach Ihrem Fahrtenbuch ermitteln Sie einen privaten Nutzungsanteil von 30 %, demnach beträgt der betriebliche Anteil 70 %. Als Betriebseinnahme aus der Privatnutzung sind 3.000 € zu erfassen, sodass sich unterm Strich nur 7.000 € der Kfz-Kosten gewinnmindernd auswirken, was genau dem betrieblichen Nutzungsanteil entspricht.

Umsatzsteuerpflicht des privaten Nutzungsanteils: Die Betriebseinnahme aus der Privatnutzung ist umsatzsteuerpflichtig. Der Umsatzsteuer unterliegen jedoch nur diejenigen anteiligen Kosten für Privatfahrten, bei denen Sie zuvor auch Vorsteuer abgezogen haben. Kfz-Steuer oder Kfz-Versicherung enthalten zum Beispiel keine Vorsteuer, sodass hier auch für den privaten Nutzungsanteil keine Umsatzsteuer anfällt.

Wenn wir das obige Beispiel auf die Umsatzsteuer ausweiten, ergeben sich die folgenden Werte für die Privatnutzung:

Geldwerter Vorteil nach Fahrtenbuchmethode		
Kostenposition	**Kosten ohne Vorsteuer**	**Kosten mit Vorsteuer**
Leasingrate		6.000 €
Benzin		2.000 €
Reparatur, Pflege		1.000 €
Kfz-Steuer	200 €	
Kfz-Versicherung	800 €	
Beträge insgesamt	1.000 €	9.000 €
Geldwerter Vorteil 30 % Privatanteil	300 €	2.700 €
19 % USt. auf Privatnutzung		513 €

1-%-Methode:

Die 1-%-Methode ist die bequemste Art, die private Nutzung des Firmenwagens zu versteuern. Denn die Privatnutzung wird mit einer Pauschale abgegolten und es muss kein lästiges Fahrtenbuch geführt werden. Mitunter ist diese Methode aber auch die teuerste.

Und so geht's: Im ersten Schritt buchen Sie Ihre sämtlichen Kfz-Kosten als Betriebsausgaben. Im zweiten Schritt setzen Sie für die Privatnutzung pro Monat pauschal 1 % des **Bruttolistenneupreises** Ihres Geschäftswagens als fiktive Betriebseinnahme an. Entscheidend für die Berechnung ist der Listenpreis zum Zeitpunkt der Erstzulassung zuzüglich Sonderausstattung und Umsatzsteuer. Das gilt selbst dann, wenn Sie Ihren Firmenwagen gebraucht und weit unter dem Neupreis gekauft haben.

Einen Extra-Zuschlag gibt's für den Fiskus, wenn Sie auch den Weg von zu Hause zum Betrieb mit Ihrem Geschäftswagen zurücklegen. Für den daraus entstehenden Vorteil müssen Sie zusätzlich pro Monat **pauschal 0,03 % des Bruttolistenneupreises je Entfernungskilometer zwischen Wohnung und Betriebsstätte als Betriebseinnahme** berappen. Warum das so ist, erfahren Sie später.

Grob überschlagen kommt so für die Privatnutzung ein stolzer Batzen zusammen. Aber: Mit diesen beiden Pauschalen – 1 % des Bruttolistenneupreises und 0,03 % je Entfernungskilometer zwischen Wohnung und Betriebsstätte – ist dann auch der private Nutzungsanteil abgegolten. Das Finanzamt ist glücklich und Sie haben sich das lästige Fahrtenbuchführen erspart.

Gut zu wissen: Kostendeckelung - Bei geringen Kfz-Kosten (z.B. Wegfall der Abschreibung) kann die Versteuerung des privaten Nutzungsanteils (fiktive Einnahme) nach der 1%-Regelung über den tatsächlichen Kosten liegen. In diesem Fall ist der Fiskus großzügig und begrenzt den privaten Nutzungsanteil auf die tatsächlichen Kosten (Kostendeckelung), damit Sie nicht mehr Einnahmen versteuern als Kosten angefallen sind.

Steuertipp: Elektro- und Hybridelektrofahrzeuge werden steuerlich begünstigt – hier erfolgt quasi eine Halbierung des geldwerten Vorteils. Bei der 1-%-Methode erfolgt die Bewertung mit einem halben Prozent des Bruttolistenpreises. Bei der Fahrtenbuchmethode werden für die Bewertung die Abschreibungen halbiert bzw. im Fall eines geleasten Pkw die Leasingraten halbiert.

Ein kleines Zahlenbeispiel: Ihren überwiegend betrieblich genutzten Firmenwagen (Bruttolistenneupreis 30.000 €) verwenden Sie auch für Fahrten zwischen Ihrer Wohnung und dem Betrieb (10 km Entfernung).

Geldwerter Vorteil nach 1-%-Regelung	
1-%-Regelung **30.000 € × 1 % × 12 Monate**	3.600 € p. a.
Fahrten Betrieb – Wohnung **30.000 € × 0,03 % × 10 km × 12 Monate**	1.080 € p. a.
= geldwerter Vorteil Privatnutzung	**= 4.680 € p. a.**

1-%-Regelung und Umsatzsteuer: Auch bei der pauschalen 1-%-Methode ist Umsatzsteuer fällig, allerdings unterliegen nur 80 % der ermittelten Betriebseinnahmen aus der Privatnutzung der Umsatzsteuer. Der Gesetzgeber geht davon aus, dass 20 % der Kosten nicht mit Vorsteuer belastet sind. Wenn wir zu unserem Beispiel zurückkehren, beträgt die Bemessungsgrundlage für die Umsatzsteuer 80 % aus 3.600 €, das sind 547,20 € Umsatzsteuer (= 80 % × 3.600 € × 19 %). Übrigens: Der Zuschlag für Fahrten zwischen Wohnung und Betrieb unterliegt nicht der Umsatzsteuer.

Eines noch: Der Gesetzgeber hat eine Hürde für die Anwendung der 1-%-Regelung vorgeschaltet: Sie müssen über einen 3-Monats-Zeitraum nachweisen, dass Sie den Pkw zu mehr als 50 % geschäftlich nutzen. Die überwiegende betriebliche Nutzung können Sie durch formlose Aufzeichnungen glaubhaft machen; dabei reichen Angaben über die betrieblichen Fahrten aus, ein aufwendiges Fahrtenbuch ist nicht erforderlich. Den 3-Monats-Zeitraum können Sie übrigens frei wählen – wenn Sie also einen Zeitraum wählen, in dem zufällig viele Geschäftsfahrten anfallen, kann man Ihnen das nicht ankreiden.

Fahrten zwischen Wohnung und Betrieb

Bei der Fahrtenbuch-Methode wie auch bei der 1-%-Regelung dürfen Sie sämtliche Kfz-Kosten von der Steuer abziehen und müssen im Gegenzug für die Privatnutzung eine fiktive Betriebseinnahme ansetzen. In den Gesamtaufwendungen für Ihren Firmenwagen ist auch der Kostenanteil für die Fahrten zwischen Wohnung und Betrieb enthalten. Die Hin- und Rückfahrten zwischen Wohnung und Betrieb gehören zwar zu den betrieblichen Fahrten, dürfen aber nach dem Willen des Gesetzgebers nur in Höhe der Entfernungspauschale abgezogen werden, also mit 0,30 € pro einfache Strecke und Arbeitstag. Der Grund: Als Unternehmer sollen Sie nicht besser gestellt werden als der Arbeitnehmer, der steuerlich nur die Entfernungspauschale abziehen darf. Weil aber in aller Regel die in Ihrer Buchführung tatsächlichen geltend gemachten Kilometerkosten für die Fahrten zwischen Wohnung und Betrieb höher sind, ist der Anteil dieser Kosten, der die Entfernungspauschale übersteigt, nicht als Betriebsausgabe abzugsfähig und muss aus Sicht des Finanzamts gewinnerhöhend korrigiert werden.

Bei der 1-%-Regelung geschieht das pauschal über den Zuschlag von 0,03 % auf den Bruttolistenneupreis für jeden Entfernungskilometer zwischen Wohnung und Betriebsstätte. Im Gegenzug können Sie hiervon wiederum die Entfernungspauschale abziehen. Führen Sie ein Fahrtenbuch, sind die auf die Fahrten zwischen Betrieb und Wohnung fallenden Kosten zu ermitteln und der Entfernungspauschale gegenüberzustellen. Soweit die tatsächlichen Kosten die Pauschale übersteigen, ist der übersteigende Betrag nicht abziehbar und gewinnerhöhend hinzuzurechnen. Eine verwirrende Hin-und-her-Rechnerei! Mit einem Rechenexempel wird's klarer.

Zusammenfassendes Beispiel: Mit Ihrem Firmenwagen (Bruttolistenneupreis 30.000 €) fahren Sie im Jahr insgesamt 20.000 km, davon 12.000 km betrieblich (60 %) und 4.000 km privat (20 %). Die restlichen 4.000 km (20 %) entfallen auf Fahrten zwischen Wohnung und Betrieb (= 200 Tage × 10 km × 2 für Hin- und Rückfahrt). Die Kfz-Gesamtkosten betragen 10.000 € netto pro Jahr, davon sind 1.000 € Kosten ohne Vorsteuerbelastung (Kfz-Versicherung, Kfz-Steuer).

	1-%-Regelung	Fahrtenbuch
1). Geldwerter Vorteil aus Privatnutzung	Listenpreis 30.000 € davon 1 % × 12 Monate = 3.600 €	Gesamtkosten 10.000 € davon 20 % privat = 2.000 €
daraus Umsatzsteuer	80 % vom Wert der 1-%-Regelung 80 % × 3.600 € davon 19 % = 547 €	Gesamtkosten mit VoSt-Abzug 9.000 € × 20 % privat davon 19 % = 342 €

2) Fahrten zwischen Wohnung und Betrieb	Listenpreis 30.000 € davon 0,03 % × Entfernungs-km × 12 Monate = 1.080 € abzüglich Entfernungspauschale 200 Tage × 10 km × 0,30 € = 600 € gewinnerhöhend als nicht abzugsfähige Betriebsausgabe hinzuzurechnen: = 480 €	Gesamtkosten 10.000 € davon 20 % Fahrten Wohnung/ Betrieb = 2.000 € abzüglich Entfernungspauschale 200 Tage × 10 km × 0,30 € = 600 € gewinnerhöhend als nicht abzugsfähige Betriebsausgabe hinzuzurechnen: = 1.400 €
Umsatzsteuer	Es fällt keine Umsatzsteuer an.	
3) Gesamt		
Geldwerter Vorteil	4.080 €	3.400 €
Umsatzsteuer	547 €	342 €

In unserem kleinen Beispiel ist also das Führen eines Fahrtenbuchs günstiger, weil danach nur ein geldwerter Vorteil in Höhe von 3.400 € (2.000 € + 1.400 €) zu versteuern wäre, dagegen bei der Anwendung der 1-%-Regelung ganze 4.080 € (3.600 € + 480 €). An Umsatzsteuer wären bei der 1-%-Regelung 547 € zu berappen, bei der Fahrtenbuchmethode nur 342 €. Doch Obacht: Das heißt nicht, dass Sie mit der Fahrtenbuch-Methode im Allgemeinen „besser fahren" – dies kann von Fall zu Fall unterschiedlich sein.

Steuerlich „besser fahren" – mit welcher Methode?

Mit welcher Methode Sie im wahrsten Sinne des Wortes „besser fahren", lässt sich nicht pauschal, sondern nur für den Einzelfall beantworten. Das hängt davon ab, ob Sie viel betrieblich oder privat fahren, wie hoch der Bruttolistenneupreis und die laufenden Gesamtkosten Ihres Fahrzeugs sind und wie groß die Entfernung zwischen Wohnung und Betrieb ist.

Ein paar grobe Faustregeln: Je mehr Sie betrieblich fahren, desto eher ist die Fahrtenbuch-Methode günstiger. Auch wenn Sie einen älteren Pkw fahren und die laufenden Pkw-Kosten relativ gering sind, ist die Fahrtenbuch-Methode eindeutig die richtige. Denn der 1-%-Zuschlag auf den Neupreis führt besonders bei älteren Gebrauchtwagen zu einer unverhältnismäßig hohen Steuerlast. Dagegen kann die 1-%-Methode steuerlich attraktiver sein, wenn Sie einen neuen Geschäftswagen fahren und damit vergleichsweise viel privat unterwegs sind.

Im Zweifel sollten Sie ein Fahrtenbuch führen. Das erfordert zwar einige Disziplin, aber mit einem Fahrtenbuch halten Sie sich alle Optionen offen. Stellen Sie am Jahresende fest, dass die Besteuerung nach der 1-%-Regelung steuerlich vorteilhafter ist, können Sie im Rahmen der Steuererklärung problemlos rückwirkend diese Art der Besteuerung wählen. Umgekehrt ist das nicht möglich, denn schließlich müssen Sie Ihre Aufzeichnungen lückenlos über das ganze Jahr führen, ein nur abschnittsweise geführtes Fahrtenbuch erkennt der Fiskus nicht an.

Auf einen Blick:

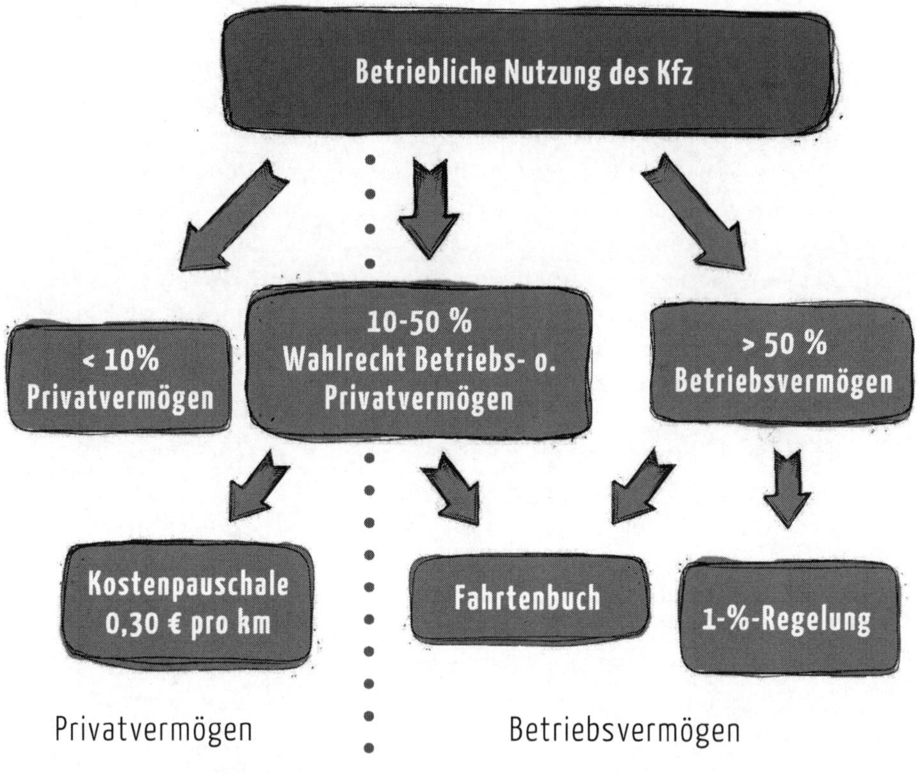

§ **Rechtsprechung zum Schmunzeln:** Ein Luxusauto muss es sein – man gönnt sich ja sonst nix

Wenn schon arbeiten, dann sich wenigsten etwas Luxus dabei gönnen. So oder ähnlich dachte wohl ein Existenzgründer, der sich gleich zu Beginn seiner unternehmerischen Laufbahn einen schicken Mercedes Roadster für rund 80.000 € als Firmenwagen leistete. So weit, so gut. Der Fahrspaß und die Freude am neuen Flitzer waren wohl größer als die Motivation, Geschäfte zu machen. So bremste das Finanzamt den Jungunternehmer in Anbetracht des mageren Geschäftserfolgs buchstäblich aus. Bei einem Umsatz von 25.000 € machte der Unternehmer nur einen Gewinn von 1.500 €. Zu wenig, meinte das Finanzamt. Die Luxuskarosse als Firmenwagen sei im Verhältnis zum erzielten Gewinn als unangemessen anzusehen. Die Folge: Das Finanzamt stutzte den Betriebsausgabenabzug für die Nobelkarre kräftig, mit Rückendeckung des Finanzgerichts. Ja, ja das Leben ist hart, aber dafür unfair und ungerecht!

Aber: Ein Luxusauto ist nach ständiger Rechtsprechung nicht prinzipiell als unangemessen zu betrachten; die Angemessenheit richtet sich nach den Umständen des Einzelfalls und nicht nach starren Betragsgrenzen. Wenn Sie nachhaltige Gewinne im sechsstelligen Bereich erwirtschaften und in Ihrer Branche Repräsentatives erwartet wird (Rechtsanwalt, Werbeagentur etc.), darf es durchaus auch ein Fahrzeug der Oberklasse sein, ohne dass das Finanzamt gleich den Rotstift ansetzt.
(*Hessisches Finanzgericht vom 04.09.2007, 6-K-1447/03*)

Arbeitszimmer – ein Dauerbrenner vor Gericht

Gerade für Existenzgründer und Jungunternehmer, die keine Geschäftsräume anmieten können oder wollen, wird's jetzt spannend wie bei Alfred Hitchcock: Es geht um das häusliche Arbeitszimmer. In der Praxis herrscht oft nicht mehr als ein Halbwissen darüber, was genau darunter zu verstehen ist. Hier die Auflösung: Ein häusliches Arbeitszimmer ist ein büromäßig genutzter Raum in der eigenen oder gemieteten Wohnung bzw. im entsprechenden Wohnhaus, in dem Sie gedankliche, schriftliche oder verwaltungstechnische Arbeiten erledigen. Aus dieser Abgrenzung folgt im Umkehrschluss: Ein Büro, das irgendwo außerhalb der Wohnung angemietet wird, ist nicht als häusliches Arbeitszimmer anzusehen. Dasselbe gilt für eine Werkstatt, ein Tonstudio, einen Lagerraum, eine ärztliche Praxis oder Ähnliches im eigenen Wohnhaus.

Das Grundproblem: Wegen der unmittelbaren Nähe zum privaten Wohnraum und damit auch zur privaten Lebensführung hat der Fiskus kleinliche Regeln vorgeschaltet, bevor er den Steuerabzug für ein Heimbüro gewährt. So sind zwei Fälle zu unterscheiden:

➡ **Das Arbeitszimmer ist Mittelpunkt Ihrer Arbeit:** Wenn Ihr Arbeitszimmer den alleinigen Mittelpunkt Ihrer gesamten beruflichen Tätigkeit darstellt, ist die Sache klar: Die Kosten für Ihr häusliches Arbeitszimmer können Sie in voller Höhe von der Steuer absetzen. Der Mittelpunkt bestimmt sich nicht vorrangig nach der verbrachten Arbeitszeit im Heimbüro (Quantität), sondern vielmehr kommt es auf die Qualität der im Arbeitszimmer erledigten Arbeiten an. Genauer: Die den jeweiligen Beruf prägenden Arbeiten bzw. Kernaufgaben müssen dort erledigt werden, also nicht nur Hilfstätigkeiten wie etwa Rechnungen schreiben oder Belege buchen.

Beispiel: Der Handwerker, der den ganzen Tag auf der Baustelle tätig ist und nur seine Buchführung im häuslichen Arbeitszimmer erledigt, hat seinen Arbeitsmittelpunkt außerhalb des Heimbüros.

➡ **Das Arbeitszimmer ist nicht Mittelpunkt Ihrer Arbeit:** Wenn Ihr Arbeitszimmer nicht den alleinigen Mittelpunkt Ihrer selbstständigen Tätigkeit bildet, ist der Steuerabzug zulässig, wenn kein anderer Arbeitsplatz zur Verfügung steht. Das ist beispielsweise der Fall, wenn Sie kein eigens angemietetes Büro und keinen Arbeitsplatz bei einem Auftraggeber oder Geschäftspartner haben. Die angefallenen Kosten sind in diesem Fall jedoch nur beschränkt abzugsfähig bis maximal 1.250 € pro Jahr.

Sonstige Anforderungen an Ihr häusliches Arbeitszimmer: Wenn einer der beiden Fälle bei Ihnen zutrifft, bitte noch nicht freuen. Denn der Fiskus stellt weitere Ansprüche: Ihr Arbeitszimmer muss ein geschlossener Raum sein, eine Arbeitsecke im Wohn- oder Schlafzimmer genügt dem Finanzamt für den Steuerabzug nicht. Und private Gegenstände im Heimbüro wie beispielsweise Bett oder Fernseher sind tabu. Wird das Arbeitszimmer auch privat benutzt, haben Sie schlechte Karten und der Fiskus setzt den Rotstift an. Das gilt derzeit noch – aber wer weiß, wie lange. Denn einige Finanzgerichte sehen das anders – Sie erlauben den anteiligen Betriebsausgabenabzug für den betrieblich genutzten Anteil, auch bei privater Mitbenutzung.

Aber, noch einmal zur Erinnerung: Kleinlich ist der Fiskus nur beim häuslichen Arbeitszimmer. Dagegen sind die Kosten für die häusliche Betriebsstätte voll steuerlich absetzbar. Häusliche Betriebsstätten sind Werkstätten, Lager- und Ausstellungsräume oder Praxisräume von Rechtsanwälten, Ärzten usw., wenn die Räumlichkeiten für den intensiven und dauerhaften Publikumsverkehr eingerichtet sind. Dasselbe gilt, wenn in den häuslichen Räumen mindestens eine familienfremde Arbeitskraft beschäftigt wird.

Welche Kosten können Sie für Ihr Arbeitszimmer absetzen?

Sie gehören zu den Glücklichen – die Kosten für Ihr häusliches Arbeitszimmer sind abzugsfähig? Gratulation! Aber welche Kosten können Sie genau geltend machen? Anteilig absetzbar sind etwa Miete oder Abschreibung bei Eigentum, Schuldzinsen, Heizung, Strom, Grundbesitzabgaben, Reinigungskosten oder Kosten für die Gebäudeversicherung etc. Um den auf das Arbeitszimmer entfallenden Anteil zu ermitteln, ist die Fläche des

Heimbüros ins Verhältnis zur Gesamtwohnfläche zu setzen. Hat Ihre Wohnung beispielsweise insgesamt 100 qm und das Arbeitszimmer 20 qm, beträgt der abzugsfähige Anteil 20 %. Dagegen sind Renovierungskosten, die nur für das Arbeitszimmer anfallen, oder Ausstattungsgegenstände des Arbeitszimmers in voller Höhe abzugsfähig.

Beachten Sie: Betriebliche Arbeitsmittel, wie etwa ein Schreibtisch, Schreibtischstuhl oder Aktenschrank, fallen nicht unter die restriktiven Arbeitszimmerregelungen – sie sind unkompliziert von der Steuer absetzbar.

Eines noch zum Schluss: Das häusliche Arbeitszimmer ist ein „Dauerbrenner" vor Gericht und auch aktuell stehen die kleinlichen Regelungen auf dem Prüfstand der höchsten Richter. Im Zweifel setzen Sie die Kosten für Ihr häusliches Arbeitszimmer immer an. Streicht das Finanzamt Ihnen die Kosten, dann legen Sie Einspruch ein und schließen Sie sich an eines der zahlreichen BFH-Musterverfahren an. Im Falle eines positiven Urteils dürfen Sie sich über eine Steuererstattung freuen.

§ **Rechtsprechung zum Schmunzeln:** Der Gang zum „stillen Örtchen“ ist steuerlich nicht abzugsfähig

Der Finanzbeamte liebt den Pädagogen wie der Metzger den Vegetarier. Keine andere Berufsgruppe hat eine so geballte Fantasie wie der Pädagoge. Ein Lehrerehepaar aus Niedersachsen ist über sich selbst hinausgewachsen. Im häuslichen Arbeitszimmer verbrachten sie viel Zeit und die reichliche Arbeit verursachte häufig Verdauungsleid. Für die Pädagogen war ganz klar: Der Gang zum „stillen Örtchen“ ist betrieblicher Natur. Weswegen das verbrauchte Wasser zweifelsfrei steuerlich abzugsfähig sei. Das ging dem Fiskus doch zu weit und es entflammte der Steuerstreit. Das Ganze landete vor Gericht. Das fragte, betrachtet bei hellem Licht: Ist das Häufchen betrieblich oder nicht? Das Gericht sich beim Nachweis schwere tat, welche Notdurft betrieblich und welche privat. Am Ende sagten die Richter: „Nein, die Toilettennutzung muss Privatvergnügen sein.“
(*Niedersächsisches Finanzgericht vom 10.09.1997, IV-268/95*)

Buon appetito! – Bewirtungskosten absetzen

„Buon appetito!", wie der Grieche sagt – oder so ähnlich. Ab und zu mit Geschäftspartnern essen gehen, gehört zum guten Ton. Beim Essen und Trinken in netter Atmosphäre lässt sich vieles entspannter besprechen, lassen sich Verträge einfacher schließen. Und wenn sich Vater Staat am kulinarischen Genuss finanziell beteiligt, schmeckt's gleich doppelt so gut. Bewirtungen von Kunden und Geschäftspartnern aus betrieblichem Anlass sind *zu 70 Prozent als Betriebsausgabe absetzbar.* Und die Vorsteuer aus der Bewirtungsrechnung sogar zu 100 Prozent.

Fürstlich speisen und zugleich Steuern sparen – das ist aber an spießbürgerliche Bedingungen geknüpft. Guten Appetit wünscht der Fiskus grundsätzlich nur, wenn das Geschäftsessen in einem Restaurant oder in Geschäftsräumen stattfindet – bei Bewirtung in der Privatwohnung droht gnadenlos der Rotstift. Damit kleinliche Fiskalritter Ihnen die Suppe nicht nachträglich versalzen können, müssen Sie außerdem die geschäftliche Veranlassung und die Höhe der Aufwendungen durch folgende Angaben nachweisen:

Bewirtungsbeleg: Anforderungen

- Ort und Tag der Bewirtung
- Namen der Teilnehmer und Anlass der Bewirtung
- Höhe der Aufwendungen und Einzelauflistung aller verzehrten Speisen und Getränke

Wichtig: Im Restaurant müssen Sie sich einen maschinell erstellten und registrierten Bewirtungsbeleg geben lassen – handschriftlich ausgestellte Belege akzeptiert der Fiskus grundsätzlich nicht. Auf Nachfrage erhalten Sie üblicherweise einen Kassenbeleg, der den geforderten Ansprüchen genügt bzw. auf dem Sie die noch erforderlichen Informationen direkt ergänzen können. Sie müssen dann in der Regel nur noch die Namen der Teilnehmer inklusive Ihres eigenen und den geschäftlichen Anlass hinzufügen und das Ganze unterzeichnen.

Bitte beachten Sie, dass Bewirtungsbelege – wie alle anderen Rechnungen auch – für den Vorsteuerabzug alle Angaben einer **ordnungsgemäßen Rechnung** enthalten müssen. Ab Rechnungsbeträgen von 250 € müssen Ihr Firmenname, Ihre Adresse und die übrigen Pflichtangaben auf dem Beleg aufgeführt sein (siehe Teil IV, S.130 ff.) – sonst bekommt Ihr Geschäftsessen einen schalen Nachgeschmack.

Geschäftlicher Anlass: Bei der Angabe des geschäftlichen Anlasses ist der Fiskus etwas pingelig, nur Bezeichnungen wie „Arbeitsessen" oder „Kundenpflege" genügen ihm nicht – Sie müssen schon ein wenig Butter bei die Fische geben, wie z. B.: „Abschlussbesprechung Projekt XY".

Im Rahmen Ihrer Buchführung sind die Bewirtungen für Geschäftsfreunde einzeln und gesondert von den übrigen Betriebsausgaben aufzuzeichnen. Wenn Sie mit einem Buchführungsprogramm arbeiten, erfassen Sie die Bewirtungskosten auf separaten Konten (Beispiel: Konto „Bewirtungskosten zu 70 % abziehbar“, Konto „Bewirtungskosten nicht abziehbar“), ansonsten legen Sie separate Spalten in Ihrer Excel-Tabelle bzw. separate Register in Ihrem Ablageordner an.

Haben Sie alle Formalien erfüllt, steht dem Steuerabzug nichts mehr im Wege. Aber zur Erinnerung: Nur 70 % der Bewirtungskosten für Geschäftsfreunde sind steuerlich abzugsfähig. 30 % betrachtet das Finanzamt quasi als privaten **Eigenanteil**, der nicht die Steuer mindern darf. Und wie gesagt: Die Vorsteuer aus dem Bewirtungsbeleg können Sie sich zu 100 Prozent zurückholen.

Ein Beispiel: Von dem Gesamtbetrag Ihrer Bewirtungsrechnung in Höhe von 119 € können Sie sich zunächst 19 € Vorsteuer zurückerstatten lassen. Von dem Restbetrag sind 70 € als Betriebsausgabe abzugsfähig und auf den übrigen 30 € bleiben Sie hocken. Unterstellt, dass Sie einem Einkommensgrenzsteuersatz von 30 % unterliegen, beteiligt sich der Fiskus an Ihrem Geschäftsessen mit insgesamt 40 € (19 € Vorsteuer + 21 € Einkommensteuerersparnis). Mmh, das schmeckt!

Übrigens: Zu den Bewirtungsaufwendungen gehören auch Trinkgelder. Lassen Sie sich dazu die Höhe des Trinkgelds vom Kellner auf dem Beleg bestätigen oder erstellen Sie darüber alternativ einen Eigenbeleg. Vom gegebenen Trinkgeld lässt sich allerdings keine Vorsteuer zurückholen.

Ausnahmen bestätigen wie immer die Regel: Aufmerksamkeiten und Mitarbeiterbewirtungen unterliegen anders als Bewirtungen für Geschäftsfreunde nicht der eingeschränkten Abzugsfähigkeit.

Aufmerksamkeiten: Kaffee, Kekse und Co.

Wenn Sie in einer Besprechung Ihren Kunden oder Geschäftspartnern Kaffee, Wasser und ein paar Kekse reichen, ist das eine übliche Geste der Höflichkeit. Solche üblichen Aufmerksamkeiten fallen nicht unter Bewirtungen und sind *zu 100 % als Betriebsausgabe abziehbar.*

Bewirtung von Arbeitnehmern

Bei der Bewirtung Ihrer Arbeitnehmer ist der Fiskus erfreulich großzügig. Als Chef können Sie *Mitarbeiterbewirtungen zu 100 % in Abzug* bringen. Auch wenn Sie Ihren Mitarbeitern Getränke und Süßigkeiten kostenfrei zur Verfügung stellen, sind das vollständig abziehbare Betriebsausgaben. Doch Holzauge, sei wachsam: Übertreiben Sie es mit den Essenseinladungen und den kleinen Aufmerksamkeiten, sind die wohlgemeinten Zuwendungen bei Ihren Mitarbeitern als lohnsteuer- und sozialversicherungspflichtige geldwerte Vorteile zu berücksichtigen.

Angemessenheit – was schmeckt dem Finanzamt nicht?

Mit der Großzügigkeit des Fiskus ist es vorbei, wenn die Bewirtung einen angemessenen Rahmen überschreitet oder wenn die Bewirtung nicht im Vordergrund steht. So fallen Nachtclub- oder Bordellbesuche selbst dann nicht unter den Begriff der Bewirtung, auch wenn dabei getrunken und gespeist wird.

Starre Betragsgrenzen für die Angemessenheit einer Bewirtung gibt es nicht – die Angemessenheit ist im Einzelfall und nach Branchenverhältnissen zu beurteilen. Beim Immobilienmakler, der Luxushäuser vermittelt, darf die Bewirtung seiner Kunden schon einmal teurer sein als beim Handwerker, der als Kleinunternehmer tätig ist. Wie bei der Ernährungsberatung gilt: Das richtige individuelle Maß zu finden ist wichtig, um ohne Reue essen zu können.

Bleibt nur noch, Ihnen einen guten Appetit zu wünschen!

Zum Schmunzeln: Nachtclub- oder Bordellbesuche sind nicht steuerlich abziehbar

Es war zu vermuten. Nein, Nachtclub- oder Bordellbesuche sind nicht steuerlich abzugsfähig. Aber es wurde bereits versucht, sie steuerlich geltend zu machen, und der Bundesfinanzhof durfte über die schlüpfrige Frage entscheiden. Der Sachverhalt ist schnell erzählt: Ein findiger Unternehmer wollte das Privatvergnügen zur Steuersache machen – quasi zur Vergnügungssteuer. Nach dem ausschweifenden Vergnügen kam wohl mit der stolzen Rechnung das böse Erwachen. Geteiltes Leid ist halbes Leid – so oder ähnlich dachte der Unternehmer und machte Kosten für Bewirtung und Unterhaltung für Geschäftsfreunde in Nachtlokalen und Bordellen von rund 20.000 € geltend. Die stichhaltige Begründung: Der zusätzliche Bewirtungsaufwand sei in der Branche durchaus üblich, er sei auch notwendig, um die erklärten Umsätze und Gewinne zu erzielen. Dem Fiskus passte das nicht, er hatte nichts vom Vergnügen und wollte sich daran auch nicht finanziell beteiligen. Also landete das Ganze vor Gericht. Die höchsten Richter erkannten eine gewisse betriebliche Veranlassung: „… beim Aufsuchen von Bordellen geht es im Grunde allein darum, den Geschäftsfreund durch die Verschaffung eines persönlichen Vergnügens für Geschäftsabschlüsse geneigt zu machen." Aber beim betrieblichen Bordellbesuch tritt nach Ansicht des Gerichts das persönliche Vergnügen entscheidend in den Vordergrund, und damit wird zu stark die private Lebenssphäre berührt, mit der Folge, dass der Betriebsausgabenabzug vollständig zu verneinen ist. Kurzum: Der Fiskus zückt den Rotstift bei Ausgaben für Besuche im Rotlichtmilieu! Oder anders gesagt: Das Fleisch muss auf dem Teller liegen, damit es steuerlich abzugsfähig ist. *(Bundesfinanzhof vom 16.02.1990, III-R-21/86)*

Geschenke erhalten die Freundschaft und senken die Steuerlast

Kleine Geschenke erhalten die Freundschaft – das gilt auch im Geschäftsleben. Geschäftsfreunden, Kunden oder Mitarbeitern ab und zu ein Präsent zukommen zu lassen, fördert die Geschäftsbeziehungen und das Arbeitsklima und bringt so das eigene Unternehmen voran. Das weiß auch der Fiskus und akzeptiert den Steuerabzug betrieblich veranlasster Geschenke. Wann Vater Staat großzügig ist und wann er die Rote Karte zückt, hängt vom Wert des Geschenks und vom Geschenkempfänger ab. Denn für Kunden und Geschäftsfreunde gelten andere Spielregeln als für Mitarbeiter.

Geschenke an Kunden und Geschäftsfreunde

Zeigen Sie sich nicht allzu spendierfreudig! Denn Geschenke an Kunden oder Geschäftsfreunde sind nur dann Betriebsausgaben, wenn ihr Wert nicht mehr als 35 € netto beträgt (35 € brutto, wenn Sie nicht vorsteuerabzugsberechtigt sind). Kurzum: Ist die 35-€-Grenze auch nur um einen Cent überschritten, ist der Steuerabzug vollständig futsch, sogar der Vorsteuerabzug. Die Freigrenze gilt pro beschenkte Person und Jahr. Für die Prüfung, ob Sie die Schwelle überschritten haben, sind also alle Geschenke eines Empfänger im Jahr zusammenzurechnen.

Ein Zahlenbeispiel beseitigt alle Klarheiten: Die geschenkte Flasche Wein an Ihren Kunden für 35 € (netto) ist als Betriebsausgabe abziehbar, dagegen streicht der Fiskus den Abzug gänzlich, wenn der gute Tropfen 36 € (netto) wert ist. Das Gleiche gilt, wenn Sie einem

Kunden zwei Flaschen Wein im Wert von jeweils 20 € (netto) im Jahr schenken – auch in diesem Fall ist alles aus der eigenen Tasche zu zahlen!

Die Bürokratie ist die Mutter der Steuerschraube. Und so knüpft der Fiskus die steuerliche Anerkennung an zusätzlichen Verwaltungswust. Er verlangt von Ihnen, den Namen der Beschenkten und den Anlass – wie etwa Geburtstag oder Geschäftsjubiläum – auf dem Rechnungsbeleg zu notieren. Wenn Sie eine große Zahl an Geschenken verteilen, müssen Sie eine „Geschenkliste" führen. Mit der Bürokratie will man es Steuersparfüchsen schwer machen, private Geschenke wie etwa das Weihnachtspräsent für den Neffen von der Steuer abzusetzen. Außerdem müssen Sie die Aufwendungen für ein Geschenk einzeln und getrennt von den sonstigen Betriebsausgaben aufzeichnen. Wenn Sie mit einem Buchführungsprogramm arbeiten, erfassen Sie die Kosten für die Geschenke auf separaten Konten (Konto „Geschenke bis 35 €", Konto „Geschenke nicht abzugsfähig"), ansonsten legen Sie separate Spalten in Ihrer Excel-Tabelle bzw. separate Register in Ihrem Ablageordner an.

Steuerliche Folgen beim Empfänger: Jetzt kommt der blanke Steuerwahnsinn. Die steuerliche Behandlung beim gönnerhaften Schenker ist nur eine Seite der Medaille. Die andere Seite: Nach dem Willen des Gesetzgebers muss der Empfänger des Geschenks dessen Wert, sofern über 10 €, als geldwerten Vorteil versteuern. So währt die Freude beim Beschenkten am gut gemeinten Präsent nicht lange. Damit Ihr Geschäftsfreund oder Kunde sich nicht über die zusätzliche Steuerlast ärgert, besteht jedoch die Möglichkeit, Geschenke ohne Nachteile für den Empfänger zuzuwenden. Sie können die Steuer für den Beschenkten übernehmen. Also: Sie führen als Geber eine Pauschalsteuer von 30 % auf den Wert des Geschenks (einschließlich Umsatzsteuer) an Ihr Finanzamt ab. Sie teilen dies Ihrem Geschäftsfreund mit – und er muss das Geschenk nicht als Einnahme in seiner Steuererklärung angeben. So ist das Geschenk auch steuerlich für ihn ein Geschenk.

Aufatmen bei Streuwerbeartikeln: Den ganzen Steuerwahnsinn können Sie sich schenken, wenn Sie kleine Präsente machen. Sogenannte **Streuwerbeartikel bis 10 €** (z. B. Kugelschreiber, Kalender etc.) dürfen Sie getrost verschenken, ohne dass dies den lebensfremden Steuerwust auslöst. Bis zu diesem Betrag zeigt sich der Fiskus erfreulicherweise großzügig. Der Kaufpreis für solche Peanuts ist bei Ihnen voll als Betriebsausgabe absetzbar und weder Sie noch der Empfänger müssen dafür zusätzlich Steuer abdrücken. Auch das Führen einer lästigen Geschenkliste entfällt.

Kulanzregelung bei Geschenken zwischen 10 € und 35 €: Die Finanzverwaltung hat erkannt, dass der Gesetzgeber ein Bürokratiemonster geschaffen hat und lenkt mit einer bundeseinheitlichen Kulanzregelung gegen. Danach sind auch Kleingeschenke bis 35 € beim Empfänger freigiebig steuerfrei zu lassen.

Besteuerung von Geschenken an Geschäftsfreunde

Wert	Schenker	Empfänger
< 10 €	Betriebsausgabe	Keine steuerpflichtige Einnahme
10 €–35 €	Betriebsausgabe	Kulanzregelung – keine steuerpflichtige Einnahme
> 35 €	Keine Betriebsausgabe	Steuerpflichtige Einnahme, wenn Schenker nicht Pauschalsteuer (30 %) übernimmt

Geschenke an Mitarbeiter

Als Chef können Sie die Kosten für Geschenke an die Belegschaft vollständig als Betriebsausgaben absetzen – unabhängig vom Wert des Geschenks und ganz gleich, ob Geld- oder Sachgeschenk. So weit, so gut und einfach. Aber auch hier aufgepasst: Für den beschenkten Mitarbeiter gilt, dass teure Geschenke als geldwerter Vorteil zu versteuern sind. Wenn die Zuwendung vom Chef den Wert von 60 € übersteigt, muss der Arbeitnehmer Lohnsteuer zahlen. Diese Freigrenze von 60 € gilt nur für Sachgeschenke. Anders bei Geldgeschenken – sie zählen immer zum steuerpflichtigen Arbeitsentgelt. Wollen Sie, dass die Freude über das Geschenk auch über die nächste Lohnabrechnung hinaus währt, können Sie als Firmenchef auch für Ihren Mitarbeiter – wie bei Geschäftsfreunden und Kunden – die Steuer pauschal mit 30 % übernehmen. Dann bleibt auch das teure Geschenk für Ihren Mitarbeiter steuerfrei.

Besteuerung von Geschenken an Mitarbeiter

Wert	Firmenchef	Mitarbeiter
< 60 €	Betriebsausgabe	Kein steuerpflichtiges Arbeitsentgelt
> 60 €	Betriebsausgabe	Steuerpflichtiges Arbeitsentgelt, wenn Firmenchef nicht Pauschalsteuer (30 %) übernimmt

Ausnahme Betriebsveranstaltung: Wann feiert der Fiskus mit?

Bei Betriebsveranstaltungen, wie etwa Weihnachtsfeiern oder Betriebsausflügen, ist der Fiskus etwas freigiebiger. Eine Veranstaltung gilt aus Sicht der Finanzverwaltung als Betriebsveranstaltung, wenn sie überwiegend für eigene Arbeitnehmer (ggf. mit Begleitpersonen) stattfindet. Sie dürfen maximal zwei Firmenfeiern pro Jahr steuerbegünstigt beim Finanzamt abrechnen. Pro Veranstaltung können Sie 110 € (einschließlich Umsatzsteuer) für jeden Mitarbeiter ausgeben, ohne dass der Mitarbeiter einen geldwerten Vorteil versteuern muss. Wird der 110-€-Freibetrag überschritten, hält das Finanzamt die Hand auf und der übersteigende Betrag ist bei Ihren Mitarbeitern als steuerpflichtiger Arbeitslohn abzurechnen. Weil das zweifellos die Freude an der Feier schmälert, besteht die Möglichkeit, dass Sie als Chef in diesem Fall die Steuer pauschal übernehmen – und zwar mit einem Steuersatz von 25 Prozent. Dann bleibt die Betriebsfeier auch bei Überschreiten der 110-€-Grenze bei Ihren Mitarbeitern lohnsteuerfrei und in guter Erinnerung.

In den 110-€-Betrag sind nicht nur die Kosten für die Zuwendungen mit einzubeziehen, die von den Mitarbeitern unmittelbar konsumiert werden können (wie z. B. Speisen und Getränke), sondern auch Ausgaben etwa für Raummiete, Musik, Künstler und Dekoration sowie Kosten für die teilnehmenden Begleitpersonen. Die Gesamtkosten werden durch die Anzahl der teilnehmenden Personen geteilt. Die Kosten für mitfeiernde Angehörige sind den jeweiligen Mitarbeitern zuzurechnen. Einen zusätzlichen Freibetrag für die Begleitpersonen gibt es nicht. Zum Nachweis ist eine Teilnehmerliste zu führen.

Bitte beachten Sie, dass die Kosten der Betriebsveranstaltung – unabhängig von der lohnsteuerlichen Behandlung Ihrer Arbeitnehmer – für Sie als Arbeitgeber zu 100 % als Betriebsausgaben abzugsfähig sind.

Geschäftlich auf Achse – Reisekosten absetzen

Ob Kundenbesuche, Lieferantenvisiten, Fortbildungen oder Fachmessen – wenn Sie geschäftlich auf Achse sind, können Sie die entstandenen Reisekosten von der Steuer absetzen. Zu den Kosten Ihrer Geschäftsreise zählen:

- Fahrtkosten
- Verpflegungskosten
- Übernachtungskosten
- Reisenebenkosten (z. B. Parkgebühr, Maut etc.)

Grundvoraussetzung dafür, dass sich der Fiskus an den Kosten beteiligt, ist der geschäftliche Anlass der Reise. Den Liebestrip mit der Freundin finanziert der Staat ebenso wenig mit wie den Familienurlaub. Allerdings drückt der Fiskus bei **gemischten Reisen** ein Auge zu. Wer eine Geschäftsreise mit privatem Urlaub verbindet, bekommt einen anteiligen Steuerabzug gewährt, wenn sich die Kosten eindeutig in einen geschäftlichen und privaten Teil aufteilen lassen. Dabei darf natürlich der berufliche Beweggrund *nicht* völlig von untergeordneter Bedeutung sein. Achtung: Bei einer betrieblichen Mitveranlassung von weniger als 10 Prozent erkennt der Fiskus keinen Cent an.

Fahrtkosten

Wie Sie Fahrtkosten mit dem Pkw abrechnen – egal, ob Sie mit dem Geschäfts- oder Privatwagen unterwegs sind –, haben Sie bereits erfahren (siehe Teil V, S. 174 ff.). Trotzdem eine kurze Wiederholung: Fahren Sie mit Ihrem Privatwagen, setzen Sie die Kilometerpauschale als Betriebsausgabe an. Sind Sie mit Ihrem Geschäftswagen auf Achse, sind die anfallenden Kosten vollständig Betriebsausgaben, jedoch ist ein etwaiger Privatanteil nach der Fahrtenbuchmethode oder der 1-%-Methode als Betriebseinnahme gegenzurechnen.

Bewegen Sie sich mit anderen Verkehrsmitteln wie etwa Bus, Bahn, Taxi oder Flugzeug fort, dann sind die Tickets dafür voll absetzbar.

Verpflegungskosten

Kosten für Essen und Trinken sind Ausgaben der privaten Lebensführung und steuerlich nicht abziehbar, zumindest, wenn Sie allein essen gehen. Anders bei Geschäftsessen mit Geschäftsfreunden oder Kunden, diese sind als Bewirtungskosten beschränkt steuerlich abzugsfähig (siehe Teil V, S. 196 ff.).

Doch der Fiskus weiß: Sich auswärts zu verpflegen, ist teurer als zu Hause, wo Sie sich ein Butterbrot für die Arbeit schmieren können. Für diesen **Verpflegungsmehraufwand** auf Geschäftsreisen zeigt sich das Finanzamt bedingt gönnerhaft und gewährt einen Steuerabzug in Form von Pauschalen. Das heißt, Sie brauchen keine Restaurantbelege zu sammeln, da Sie sowieso nur die Pauschalbeträge abziehen dürfen – egal, ob Sie in einem noblen Restaurant speisen oder einen Fastentag einlegen. Den pauschalen Betriebsausgabenabzug bekommen Sie allerdings erst, wenn Sie mindestens 8 Stunden geschäftlich unterwegs sind. Folgende Pauschbeträge gelten bei Inlandsreisen:

	Abwesenheitsdauer	Pauschale
Eintägige Reise	Weniger als 8 Stunden	0 €
	Mehr als 8 Stunden	12 € (ab: 2020: 14 €)
Mehrtägige Reisen	Anreisetag ohne Zeitvorgaben	12 € (ab: 2020: 14 €)
	Abreisetag ohne Zeitvorgaben	12 € (ab: 2020: 14 €)
	24 Stunden	24 € (ab: 2020: 28 €)

Die Pauschalen gelten übrigens pro Kalendertag. Sind Sie mehrere Tage auf Geschäftsreise, dann dürfen Sie den ersten und letzten Tag nicht zusammenzählen.

Ein **Rechenexempel** macht´s klarer (Stand: 2019): Sie starten am Dienstag um 18 Uhr Ihre Reise und am Donnerstag um 14 Uhr kommen Sie wieder nach Hause. Ergebnis: Sie können 48 € als Verpflegungsmehrauf-wand ansetzen. Und so wird gerechnet: Für den Dienstag (Anreisetag) gibt's 12 €, für den Mittwoch wegen 24 Stunden Abwesenheit volle 24 € und schließlich für den Donnerstag (Abreisetag) 12 €.

Auch für Auslandsreisen können Sie die Verpflegungskosten nur in Form von Pauschalen in Abzug bringen. Bei einer Tätigkeit im Ausland treten an die Stelle der inländischen Verpflegungspauschalen länderspezifische Pauschbeträge, die bei einer Abwesenheit von der Wohnung von 24 Stunden 120 % und in den übrigen Fällen 80 % der nach dem Bundesreisekostengesetz festgesetzten Auslandsgelder betragen. Eine Liste mit den Auslandspauschalen finden Sie auf www.bundesfinanzministerium.de unter dem Stichwort „Auslandsreisen".

In dubio pro fisco! Um im Zweifel gegenüber ehrgeizigen Fiskalrittern gewappnet zu sein, gilt: Sammeln Sie zum Nachweis Belege, die im Zusammenhang mit der Dienstreise stehen. Hierzu zählen beispielsweise Einladungen, Seminarprogramme, Hotelrechnungen oder Teilnahmebestätigungen.

Übernachtungskosten

Die Kosten für Übernachtungen (z. B. im Hotel) können Sie in tatsächlicher Höhe von der Steuer absetzen. Aber Achtung: Sind in der Hotelrechnung auch Kosten für Frühstück, Mittag- oder Abendessen enthalten, sind diese Kostenanteile aus der Rechnung herauszurechnen. Denn dies ist ja „Verpflegung" und mit den Pauschalen bereits abgedeckt.

Übrigens: Nebenkosten der Übernachtung wie Minibar oder „Pay-TV" sind nicht steuerlich abziehbar. Schade!

Reisenebenkosten

Abziehbar sind unter anderem Kosten für die Gepäckaufbewahrung, Trinkgelder, Park- oder Mautgebühren. Wenn Sie keinen Beleg für diese Kosten erhalten haben, schreiben Sie einen Eigenbeleg (mehr dazu im nächsten Kapitel).

Eigenbeleg – Rettungsanker bei fehlendem Beleg

„Keine Buchung ohne Beleg", so lautet eine der in Stein gemeißelten Regeln in der Buchhaltung. Was ist aber, wenn für eine abzugsfähige Zahlung kein Beleg ausgestellt wurde oder ein Beleg verloren gegangen ist? In der Hektik des Geschäftsalltags kann das schon mal vorkommen. Oft ist es nicht möglich, ein Duplikat des Belegs zu erhalten oder der Betrag, um den es geht, steht in keinem angemessenen Verhältnis zu den Anstrengungen, die nötig wären, um eine Zweitausfertigung zu beschaffen. Keine Angst, Sie müssen das Geld nicht gleich abschreiben. Es gibt eine Lösung, um die steuerliche Abzugsfähigkeit zu retten: Sie schreiben einen Eigenbeleg!

Wichtig: Auf dem Eigenbeleg sollten Sie möglichst präzise darstellen, wofür, wie viel, wann und an wen gezahlt worden ist und was der Grund für die Ausstellung des Eigenbelegs ist. Im Prinzip müssen auf dem Eigenbeleg die gleichen Angaben wie auf dem Originalbeleg (Fremdbeleg) stehen. Durch Ihre Unterschrift bestätigen Sie die sachliche Richtigkeit Ihrer Angaben.

Grundsätzlich gilt: Je genauer die Angaben auf einem Eigenbeleg sind, desto eher wird er akzeptiert. Sofern Eigenbelege in Ihrer Buchhaltung nur der Ausnahmefall sind, drückt das Finanzamt normalerweise ein Auge zu. Sind dagegen Eigenbelege eher die Regel, gefährden sie die Glaubwürdigkeit Ihrer gesamten Buchführung und Sie haben bei einer späteren Betriebsprüfung ein mittelgroßes Problem.

! TIPP: Aus Eigenbelegen darf kein Vorsteuerabzug geltend gemacht werden – hierfür ist immer eine ordnungsgemäße Rechnung erforderlich. Wegen der fehlenden Vorsteuerabzugsfähigkeit ist in Ihrer Gewinnermittlung der Bruttobetrag als Betriebsausgabe anzusetzen.

Aufbewahrungspflicht – ab in die Tonne?

Steuererklärungen erledigt – und ab mit dem lästigen Steuerwust in die Tonne! Ein befreiender Gedanke, aber so einfach geht's nicht. Denn Sie haben eine Aufbewahrungspflicht für alle steuerlich bedeutsamen Geschäftsunterlagen. Diese dienen später der Dokumentation und Beweissicherung für die Richtigkeit Ihrer Angaben in den Steuererklärungen, wenn etwa der Fiskus im Rahmen einer Betriebsprüfung Ihre „Bücher" genauer unter die Lupe nimmt. Als Aufbewahrungsfrist für Buchungsunterlagen, Inventare, Jahresabschlüsse usw. wie auch für wichtige Organisationsunterlagen sind 10 Jahre gesetzlich vorgesehen. Für alle anderen bedeutsamen Unterlagen gilt eine Aufbewahrungsfrist von 6 Jahren, etwa für Geschäftsbriefe oder E-Mails. In der Praxis ist die richtige Abgrenzung der Unterlagen oft schwierig. Nicht jeder Brief ist ein Geschäftsbrief, nicht jeder Beleg ein Buchungsbeleg. Als Hilfestellung finden Sie nachstehend ein beispielhaftes ABC der Aufbewahrungsfristen. Im Zweifel gilt: Vorsorgliche Aufbewahrung schützt vor kostenträchtiger Nacherstellung – etwa bei Bankauszügen –, vor Zuschätzung oder Betriebsausgabenkürzung durch das Finanzamt mangels Belegnachweis.

Die Aufbewahrungsfrist beginnt erst am Ende des Kalenderjahrs, in dem der Beleg oder das entsprechende Dokument entstanden ist, also quasi mit dem Knallen der Silvesterböller.

Aufgepasst: Damit im laufenden Verfahren der Fiskus nicht unerwartet vor einem „Datenschwund" steht, verlängert sich die Frist von 6 bzw. 10 Jahren automatisch bis zu dessen Abschluss. Ein solches Vernichtungsverbot gilt etwa für laufende Betriebsprüfungen,

Einspruchsverfahren oder gar für steuerstraf- bzw. bußgeldrechtliche Ermittlungsverfahren.

Damit Sie nicht im Papierkram versinken, dürfen Sie bis auf Jahresabschlüsse die Geschäftsunterlagen auch auf einem Bildträger oder elektronisch speichern. Dabei müssen die Daten mit den Originalen übereinstimmen und sie müssen rasch für Prüfzwecke verfügbar und lesbar gemacht werden können.

Bedenken Sie bei der Aufbewahrung von Thermobelegen wie z. B. Tankquittungen, dass deren Halbwertzeit recht kurz ist. Von solchen Belegen machen Sie am besten gleich Kopien, damit sie über die ganze Aufbewahrungsfrist lesbar bleiben.

Und noch eines: „Originär“ elektronisch eingegangene Dokumente sind auch in elektronischer Form aufzubewahren. Eine alleinige Aufbewahrung in Papierform (Ausdruck) genügt nicht den Aufbewahrungspflichten. Dies gilt auch für elektronische Kontoauszüge.

! Wichtig: Verstoßen Sie gegen Ihre Aufbewahrungspflichten, kann das Finanzamt schätzen – und zwar im Regelfall mit nicht zu knappen Zuschlägen! Aua!

Ersetzendes Scannen: Adé Papier! Das Finanzamt hat im Prinzip nichts dagegen, dass Sie in Papierform eingegangene Belege scannen, elektronisch archivieren und anschließend die Originalbelege an den Reißwolf verfüttern. Voraussetzung ist, dass sichergestellt ist, dass die digitalen Kopien dem Original entsprechen und diese unveränderbar archiviert bzw. Veränderungen dokumentiert werden (Dokumentenmanagementsystem). Zudem müssen Sie eine Verfahrensdokumentation erstellen, in der Sie die Arbeits- und Scanprozesse definieren und festhalten.

Kleines ABC der Aufbewahrungsfristen (beispielhaft):

Unterlage	Frist in Jahren
Abrechnungsunterlagen (soweit Buchungsbelege)	10
Abschreibungsunterlagen, Anlageverzeichnis	10
Arbeitsanweisungen (wichtige)	10
Ausfuhrunterlagen	6
Ausgangsrechnungen	10
Bankbelege, Kontoauszüge	10
Belege, soweit Buchungsfunktion	10
Bilanzen (Jahresabschluss)	10
Bilanzunterlagen	10
Buchungsbelege	10
Darlehensunterlagen (nach Ablauf des Vertrages)	6
Einfuhrunterlagen	6
Eingangsrechnungen	10
Einnahme-Überschuss-Rechnungen	10
Eröffnungsbilanzen	10
Fahrtenbücher	10
Frachtunterlagen	6
Gehalts- und Lohnlisten	10

Unterlage	Frist in Jahren
Geschäfts- und Handelsbriefe	6
Inventar	10
Jahresabschlüsse	10
Kassenberichte, Kassenbücher	10
Kassenzettel	6
Lieferscheine	6
Mahnungen, Mahnbescheide	6
Miet- oder Pachtunterlagen (nach Vertragsablauf)	6
Organisationsunterlagen (wichtige)	10
Reisekostenabrechnungen	10
Schriftwechsel (allgemein)	6
Steuerunterlagen und Steuererklärungen	10
Umsatzsteuer-Voranmeldungen	10
Verträge	6
Wareneingangs- und -ausgangsbücher	10
Zollbelege	10

Investitionsabzugsbetrag – heute Steuern sparen mit Investitionen von morgen

Investitionsabzugsbetrag – ein Glanzstück fiskalischer Wortakrobaten. Warum einfach, wenn es auch kompliziert geht? Hinter dieser semantischen Sprachruine steckt das Prinzip „Heute Steuern sparen mit Investitionen von morgen".

Kurz erklärt: Wer in den nächsten drei Jahren betriebliche Anschaffungen (z. B. Maschinen, PC etc.) plant, kann sofort bis zu 40 % des voraussichtlichen Kaufpreises der Investitionen von der Steuer absetzen – also schon, bevor er einen Cent investiert hat. Ihr Vorteil: Sie verlagern künftige Abschreibungen zeitlich nach vorne und drücken so Ihre laufende Steuerlast. Mit der Vorweg-Steuerersparnis sollen kleine und mittlere Unternehmen die Möglichkeit erhalten, das Geld für die geplante Investition anzusparen. Bitte beachten Sie, dass dies immer nur ein zeitliches Verschieben von Aufwendungen ist: Wer heute mehr „abschreibt", kann bei der späteren Anschaffung entsprechend weniger absetzen. Das Spannende ist aber der Ansparvorteil: Steuern sparen, ohne Geld auszugeben, ermöglicht Ihnen, ein Finanzpolster für die künftigen Ausgaben aufzubauen.

So viel Großzügigkeit gewährt der Fiskus nicht ohne Auflagen: Für die Bildung von Investitionsabzugsbeträgen gelten die folgenden Spielregeln.

Spielregeln im Überblick

➡ **Kleine und mittlere Unternehmen:** Anspruchsberechtigt sind alle Selbstständigen, deren Geschäft bestimmte Größenmerkmale nicht überschreitet. Wer seinen Gewinn per Einnahmen-Überschuss-Rechnung ermittelt, erfüllt diese Voraussetzung, solange sein Gewinn unter 100.000 € liegt (vor Abzug des Investitionsabzugsbetrags). Bei bilanzierenden Selbstständigen darf das Betriebsvermögen 235.000 € nicht überschreiten, um einen Investitionsabzugsbetrag in Anspruch nehmen zu können.

➡ **Bewegliche Anlagegegenstände:** Begünstigt sind sowohl neue als auch gebrauchte **bewegliche Anlagegegenstände** wie beispielsweise Maschinen, Büromöbel, Kopierer. Immaterielle Dinge wie Lizenzen, Software oder laufende Betriebsausgaben wie zum Beispiel Personalkosten, Miete etc. sind dagegen nicht begünstigt.

➡ **Überwiegend betriebliche Nutzung:** Das bewegliche Anlagegut muss im Jahr der Anschaffung und im folgenden Jahr zu mindestens 90 % betrieblich genutzt werden. Das heißt: Für viele Selbstständige kommt die Bildung eines Investitionsabzugsbetrags für einen Firmenwagen nicht infrage, weil sie das Auto regelmäßig zu mehr als 10 % privat fahren.

➡ **Investitionshöchstbeträge:** Pro Anschaffung darf maximal ein Investitionsabzugsbetrag in Höhe von 40 % der geplanten Anschaffungs- oder Herstellungskosten gebildet werden. Und: Die Summe aller in Anspruch genommenen Investitionsabzugsbeträge innerhalb von drei Jahren darf den Betrag von 200.000 € nicht übersteigen.

➡ **Elektronische Übermittlung der Abzugsbeträge an die Finanzverwaltung:** Bis 2015 musste die Funktion des Investitionsgegenstands (z. B. „Büromöbel") gegenüber dem Finanzamt genau bezeichnet werden und ein einmal gebildeter Investitionsabzugsbetrag durfte nur für eine Anschaffung mit der angegebenen Funktion verwendet werden. Das Erfordernis der Funktionsbezeichnung ist ab 2016 weggefallen, das heißt, Sie müssen sich bei der Bildung des Investitionsabzugsbetrags nicht mehr darauf festlegen, für welche Anlagegüter Sie ihn später in Anspruch nehmen wollen. Diese flexible Verwendung erfordert jedoch eine durchgängige Überprüfung durch die Finanzverwaltung, daher müssen Sie die Investitionsabzugsbeträge auf einem amtlichen Vordruck elektronisch an das Finanzamt übermitteln.

➡ **Investitionsabsicht:** Die Investitionsabsicht müssen Sie in Ihrer Steuererklärung darlegen. Aber Nachweise wie etwa eine Bestellung oder gar einen detaillierten Investitionsplan verlangt das Finanzamt nicht. Es genügt, wenn Sie die Funktion des Investitionsgegenstands und die voraussichtlichen Anschaffungs- oder Herstellungskosten angeben. Bei der Funktionsbezeichnung reicht es völlig aus, „Geschäftswagen" oder „Büroausstattung" zu schreiben. Doch Vorsicht: Sie dürfen einen einmal gebildeten Investitionsabzugsbetrag nicht einfach auf eine andere, nicht geplante Anschaffung mit anderer Funktion übertragen. Einen ursprünglich für einen Geschäftswagen gebildeten Investitionsabzugsbetrag können Sie zum Beispiel nicht auf die neu angeschafften Büromöbel übertragen.

➡ **Investitionsfrist:** Die Anschaffung muss innerhalb von drei Jahren nach Bildung des Investitionsabzugsbetrages erfolgen. Führen Sie die geplante Investition nicht durch, wird der Investitionsabzugsbetrag im Ursprungsjahr rückgängig gemacht. Dann müssen Sie die erhaltende Steuerersparnis zuzüglich Zinsen zurückzahlen.

Ein kleines Zahlenbeispiel erleichtert das Verständnis:

Sie wollen bis Ende 2019 eine neue Maschine für voraussichtlich 10.000 € anschaffen. Angesichts dieser Investitionsabsicht können Sie in Ihrer Steuererklärung 2016 Ihren laufenden Gewinn um 4.000 € (40 % von 10.000 €) drücken, indem Sie einen Investitionsabzugsbetrag geltend machen. Für 2016 bedeutet das: Sie geben keinen Cent aus und haben bei einem angenommenen Steuersatz von 40 % einen Betrag von 1.600 € mehr in der Tasche.

Im Januar 2019 kaufen Sie wie geplant die Maschine für 10.000 €. In diesem Jahr lösen Sie buchhalterisch auch den gebildeten Investitionsabzugsbetrag in Höhe von 4.000 € auf. Die Folge: Ihr Gewinn erhöht sich zunächst einmal um diesen Betrag. Doch im Gegenzug dürfen Sie die Anschaffungskosten der Maschine um 4.000 € kürzen und mindern damit betragsgleich Ihren Gewinn. Eine verwirrende Rumrechnerei, aber im Ergebnis ein Nullsummenspiel.

Ihre erworbene Maschine können Sie künftig nur noch mit den gekürzten Anschaffungskosten in Höhe von 6.000 € abschreiben. Das ist so, weil Sie in 2016 bereits Abschreibungen in Höhe von 4.000 € durch den Investitionsabzugsbetrag vorweggenommen haben. Bei einer unterstellten Nutzungsdauer von 10 Jahren können Sie jährlich 600 € abschreiben (6.000 €/10 Jahre).

Zusatzbonus Sonderabschreibungen: Wenn Sie möglichst viele Aufwendungen zeitlich vorverlagern wollen, können Sie für die angeschaffte Maschine zusätzlich zur normalen Abschreibung noch eine 20 %ige Sonderabschreibung (siehe Teil III, S. 98 f.) geltend machen. Unterm Strich haben Sie so im Jahr der Anschaffung bereits 58 % des Kaufpreises der Maschine von der Steuer abgesetzt. Nicht schlecht, oder? Im Vergleich: Ohne Bildung eines Investitionsabzugsbetrags und ohne Sonderabschreibung ist der gleiche Betrag erst im 6. Jahr steuerlich abgeschrieben.

Beispielrechnung: Investitionsabzugsbetrag (IAB)	
2016 Investitionsabsicht	
IAB in Höhe von 40 % des Kaufpreises	**– 4.000 €**
2019 Kauf der Maschine für 10.000 €	
Gewinnerhöhende Auflösung IAB	+ 4.000 €
Kürzung Anschaffungskosten auf 6.000 €	– 4.000 €
	0 €
Abschreibungen 2019	
Sonder-AfA 20 % (auf 6.000 € AK)	– 1.200 €
Normal-AfA 10 % (auf 6.000 € AK)	– 600 €
	– 1800 €
Summe IAB + Abschreibungen	**– 5.800 €**
	(= 58 %)

Wann ist der Investitionsabzugsbetrag vorteilhaft?

Der Investitionsabzugsbetrag ist ein legales und einfaches Instrument, um Ihre aktuelle Steuerlast zu drücken. Haben Sie tatsächlich Investitionsabsichten für die nächsten Jahre, ist die Bildung eines Investitionsabzugsbetrags für Ihre künftigen Anschaffungen durchaus lohnenswert. Denn schon bevor Sie einen Euro investiert haben, gibt‘s Geld vom Fiskus zurück, das Sie für Ihre Investition zurücklegen können. Doch neben dem Liquiditätsvorteil sollten Sie bei der Entscheidung auch Ihre laufende und künftige Steuerbelastung berücksichtigen. Mit dem Investitionsabzugsbetrag nehmen Sie bekanntlich künftige Aufwendungen vorweg (siehe oben) – deshalb müssen Sie mit Blick auf Ihre Einkünfte und auf die Steuerprogression abwägen, ob Sie heute oder in Zukunft höhere Aufwendungen geltend machen wollen.

Achtung: Wer einen Investitionsabzugsbetrag bildet, später aber nicht investiert, muss die ursprüngliche Steuerersparnis zurückzahlen. Zudem werden Verzugszinsen in Höhe von 6 % pro Jahr fällig, denn das Finanzamt ändert nachträglich den Steuerbescheid für das Jahr, in dem Sie den Investitionsabzugsbetrag gebildet haben, und so entsteht automatisch eine Steuernachforderung. Aber selbst das kann sich manchmal rechnen: Wenn Sie heute etwas knapp bei Kasse sind, können Sie so Steuernachzahlungen auf Zeiten verschieben, in denen Sie finanziell besser aufgestellt sind.

! Champions-League-Tipps:

Investitionsabzugsbetrag für Existenzgründer

Der Investitionsabzugsbetrag steht auch Existenzgründern offen, und zwar bereits in den Jahren vor Aufnahme der selbstständigen Tätigkeit. Für Arbeitnehmer, die ihren Job verloren haben, ist der Gang in die Selbstständigkeit eine echte Alternative. Oft ist der Fall so gelagert, dass der Arbeitnehmer als Entschädigung für den Jobverlust eine hohe Abfindung erhält, die im Kündigungsjahr zu hohem Einkommen, aber auch zu entsprechender Lohnsteuer führt. In der schwierigen Startphase ist dann das Einkommen regelmäßig erst einmal geringer. In diesem Fall schnappt die Steuerprogressions-Falle voll zu: Im Vorjahr viele Steuern gezahlt und im Gründungsjahr wenig verdient. Was liegt folglich näher, als durch die Bildung eines Investitionsabzugsbetrags für Gründungsanschaffungen der Steuerprogression die Schärfe zu nehmen.

Und so geht's: Wer beim Erstellen seiner Steuererklärung für das Jahr mit den hohen Arbeitnehmereinkünften schon weiß, dass er sich selbstständig machen will und hohe Anfangsinvestitionen haben wird, stellt dafür einen Investitionsabzugsbetrag ein und holt sich auf diese Weise Lohnsteuer zurück.

Mit Investitionsabzugsbeträgen Mehrsteuern aus der Betriebsprüfung kompensieren

Auch wenn es nach dem Hausbesuch des Außendienstmitarbeiters des Finanzamts zu Steuernachzahlungen kommt, können Sie die Mehrsteuern durch die nachträgliche Bildung von Investitionsabzugsbeträgen kompensieren. Das schmeckt zwar dem Prüfer nicht, aber der Bundesfinanzhof hat mehrfach entschieden, dass das Nachschieben eines Investitionsabzugsbetrags im Rahmen einer Betriebsprüfung zulässig ist. Voraussetzung: Die Investitionsabsicht lag bereits am Ende des Abzugsjahrs vor und die Investition erfolgte tatsächlich innerhalb des dreijährigen Investitionszeitraums.

Einspruch – so wehren Sie sich gegen den Fiskus

Irren ist männlich – das gilt auch für den Fiskus. Nach dem Bund der Steuerzahler ist ein Drittel aller Steuerbescheide fehlerhaft, vielleicht ist sogar jeder dritte Steuerbescheid falsch. Das Ärgerliche an diesen amtlichen Ausrutschern: Die Fehler gehen regelmäßig zulasten des Steuerzahlers. Wenn Sie sich zu Unrecht von Vater Staat zur Kasse gebeten fühlen, dann wehren Sie sich, denn es geht um Ihr Geld! Also seien Sie nicht zimperlich: Ist irgendetwas nebulös im Steuerbescheid, sollten Sie Einspruch einlegen. Aber wie legt man beim Finanzamt Einspruch ein? Was ist zu beachten?

Frist beachten!

Wer Einspruch einlegen will, sollte nicht zu lange warten. Denn für Ihr Veto haben Sie gerade mal einen Monat Zeit. Die Monatsfrist beginnt schon drei Tage nach dem Erstellungsdatum des Steuerbescheids. Ist Ihnen diese Frist zu sportlich, um in Ruhe das fiskalische Meisterwerk zu begutachten, können Sie auch vorsorglich und ohne Angabe von Gründen Einspruch einlegen. Die Begründung können Sie später ans Finanzamt nachliefern oder den Einspruch zurückziehen – ohne Risiko oder Kosten.

Übrigens: Ob und wo genau der Fiskus den Rotstift angesetzt hat, steht im Kleingedruckten. Im Abschnitt „Erläuterungen“ des Steuerbescheids können Sie nachschauen, warum Ihrer Steuererklärung in einzelnen Punkten nicht gefolgt wurde.

Schriftform erforderlich

Der Einspruch muss schriftlich bei Ihrem Finanzamt eingehen, wahlweise per Post, Fax oder E-Mail. Das Einspruchsschreiben können Sie relativ frei formulieren, achten Sie aber darauf, dass Angaben wie Ihr Name und Ihre Steuernummer enthalten sind und der Steuerbescheid (Steuerart, Jahr) genannt wird, gegen den sich Ihr Protest richtet. Damit Ihr freundlicher Fiskalvertreter gleich Bescheid weiß, dass Sie's ernst meinen, benutzen Sie Wörter wie **Einspruch** oder **Widerspruch**. Natürlich sollten Sie auch begründen, warum Sie mit dem Steuerbescheid nicht einverstanden sind. Je stärker Sie Ihren eigenen Standpunkt untermauern, etwa mit Belegen, Urteilen oder Erlassen, desto größer ist die Chance, dass das Finanzamt Ihrer Sichtweise folgt. Der Aufwand lohnt sich: Statistisch gesehen sind zwei Drittel aller Einsprüche erfolgreich.

Verböserungsfalle

Legen Sie Einspruch ein, rollt das Finanzamt den gesamten Steuerfall neu auf, nicht nur die beanstandeten Punkte. Also: Das Finanzamt prüft die Steuererklärung noch einmal komplett durch, sodass unter Umständen eine **Verböserung** eintreten kann – so lautet tatsächlich der amtsdeutsche Begriff! Das bedeutet: Wenn der Finanzbeamte bei der erneuten Durchsicht Fehler entdeckt, die sich zu Ihren Gunsten ausgewirkt hatten, kann er diese korrigieren. Es kann also passieren, dass Sie zwar hinsichtlich Ihres Einspruchs Recht bekommen, dass aber der neue Bescheid wegen der Bereinigung der anderen Fehler für Sie nachteiliger ausfällt als der ursprüngliche. Blöd gelaufen! Immerhin: Das Finanzamt muss Ihnen seine „bösen Absichten" vorab mitteilen und Ihnen damit die Chance geben, den Einspruch zurückzuziehen. Machen Sie daraufhin einen Rückzieher, bleibt alles beim Alten.

! TIPP: Schlichte Änderung

Nicht immer müssen Sie einen „falschen" Steuerbescheid mit einem Einspruch anfechten. Stattdessen können Sie auch einen Antrag auf schlichte Änderung stellen. Dieser ist formlos und in der Regel telefonisch möglich. Hier wird der Bescheid nur in den beanstandeten Punkten geändert und nicht der gesamte Steuerfall neu aufgerollt. Das ist regelmäßig der einfachere Weg, wenn sich im Bescheid offensichtliche Zahlendreher, Eingabefehler oder Rechenfehler eingeschlichen haben. Ein kurzer Anruf beim zuständigen Finanzbeamten bereinigt den Streitfall und ersetzt den förmlichen Einspruch. Ansonsten ist der Einspruch natürlich die richtige Wahl.

Steuer muss trotzdem gezahlt werden

Aufgepasst: Ihr Einspruch bewirkt erst einmal nicht, dass Sie sich auch vor der Steuerzahlung drücken können. Solange über Ihren Einspruch noch nicht entschieden ist, müssen Sie zunächst pünktlich den im Steuerbescheid geforderten Obolus an den Fiskus zahlen. Einen Zahlungsaufschub erhalten Sie nur, wenn Sie neben dem Einspruch auch einen **Antrag auf Aussetzung der Vollziehung** stellen. Klingt kompliziert, heißt aber nichts anderes, als dass Sie in Ihr Einspruchsschreiben einen ergänzenden Satz aufnehmen wie etwa: *„Gleichzeitig beantrage ich die Aussetzung der Vollziehung für den strittigen Steuerbetrag."* Doch achtgegeben: Einen Zahlungsaufschub bekommen Sie immer nur für den strittigen Steuerbetrag, der unstrittige Betrag ist zu zahlen.

Ist Ihr Einspruch erfolgreich, gibt's zu viel Gezahltes zurück. Lehnt das Finanzamt dagegen Ihren Einspruch ab, sind die gestundeten Steuerbeträge fällig.

Wenn das Finanzamt stur bleibt und Ihren Einspruch ablehnt, dann können Sie dagegen vor dem Finanzgericht klagen. Der Weg zum Finanzkadi ist allerdings mit vielen formellen Hürden gepflastert und mit Kosten verbunden – hier empfiehlt es sich, unbedingt vorher rechtlichen Rat einzuholen.

Wenn der Betriebsprüfer zweimal klingelt

Wenn sich das Finanzamt zur Betriebsprüfung ansagt, löst das bei vielen Unternehmern Panikzustände aus. Sind die Außendienstmitarbeiter des Fiskus doch extrem neugierig, und nach ihrem Besuch ist man nicht selten ärmer – an Nerven und Geld. Aber keine Angst: Wenn Sie ein reines Gewissen, Ihre Bücher ordentlich geführt und alle Belege aufbewahrt haben, brauchen Sie sich kaum Sorgen zu machen. Und wenn Sie sich zudem noch gezielt vorbereiten, können Sie der Betriebsprüfung gelassen entgegensehen.

Die gute Nachricht vorneweg: Als „kleiner" Selbstständiger werden Sie – zumindest statistisch gesehen – nur selten vom Finanzamt heimgesucht. Im Durchschnitt werden beispielsweise Kleinstbetriebe (Umsatz < 190.000 € und Gewinn < 40.000 €) laut Statistik alle 100 Jahre geprüft. Wenn Sie Glück haben, also nie in Ihrer unternehmerischen Laufbahn.

Nun die schlechte Nachricht: Und es kann doch passieren. Eine Betriebsprüfung kann jeden treffen. Das ist auch gut so! Denn der psychologische Effekt des Wissens, dass jeder Unternehmer mal dran sein kann, trägt wesentlich zur Steuerehrlichkeit bei.

Je größer Ihr Betrieb ist oder je eher Ihr Unternehmen einer steuerlichen „Problembranche" (z. B. einer Bargeldbranche wie der Gastronomie) angehört, desto wahrscheinlicher ist, dass Sie unerwünschten Besuch bekommen. Großbetriebe werden alle vier Jahre geprüft. Aber nicht nur die Großen oder Betriebe aus Problembranchen werden unter die Lupe genommen. Auch kleine Selbstständige können ins Visier des Fiskus geraten und abweichend von der Statistik geprüft werden, wenn das persönliche Punktekonto beim Finanzamt überzogen ist.

Wenn Sie die Chance auf einen Hausbesuch vom Fiskus nicht erhöhen wollen, vermeiden Sie es, Minuspunkte zu sammeln, die durch folgende Auffälligkeiten entstehen können:

- Ihre Steuererklärungen enthalten Ungereimtheiten; Steueranmeldungen oder -erklärungen werden öfter korrigiert; steuerliche Fristen und Zahlungstermine werden regelmäßig versäumt.

- Geringes Einkommen: Sie geben seit Jahren nur geringe Einnahmen an, die nicht zur Deckung des täglichen Lebensbedarfs ausreichen, pflegen aber einen aufwendigen Lebensstil.

- Ihre Unternehmenskennzahlen weichen deutlich vom Branchendurchschnitt ab oder schwanken stark von Jahr zu Jahr.

- Auf Ihnen lastet ein besonderes Augenmerk, weil Sie in früheren Betriebsprüfungen bereits negativ aufgefallen sind.

- Sie tätigen hohe Einlagen oder in Ihrem Betrieb tauchen hohe Vermögenspositionen auf, die durch Ihre Einnahmen nicht erklärbar sind.

- Sie schließen mit nahen Angehörigen gewinnmindernde Verträge wie etwa Miet-, Arbeits- oder Darlehensverträge ab.

Ist der Brief vom Amt erst einmal ins Haus geflattert, können Sie sich nicht mit dem Verweis auf die Statistik („Sie sind 95 Jahre zu früh dran") der Betriebsprüfung entziehen oder freundlichst darum bitten, doch lieber einen anderen zu prüfen. Dann bleiben nur noch zwei Alternativen: ins Ausland flüchten oder einen kühlen Kopf bewahren und sich richtig wappnen!

Wie läuft eine Betriebsprüfung ab?

Das Finanzamt kündigt sich einige Wochen vorher schriftlich an. Den genauen Prüfungstermin und den Ort können Sie mit dem Prüfer abstimmen, wahlweise wird in Ihren Geschäftsräumen, in der Amtsstube oder beim Steuerberater geprüft. Passt der vorgegebene Termin nicht, dann können Sie eine Verschiebung beantragen. Ihr Antrag muss natürlich begründet sein. Gute Gründe für eine Terminverschiebung sind beispielsweise: Krankheit oder Urlaub Ihres Buchhalters bzw. Steuerberaters, Teilnahme an einer Messe oder Abwicklung eines Großauftrags. Geprüft werden normalerweise die letzten drei Jahre, für die schon Steuerbescheide vorliegen. Es geht also um vergangene Jahre, die Sie vermutlich innerlich schon ad acta gelegt haben.

Nutzen Sie die Zeit vor der Prüfung, um Ihre Unterlagen auf Vordermann zu bringen. Für die Prüfung müssen Sie Rechnungen, Buchhaltungsunterlagen, Kontoauszüge, Verträge und Korrespondenz vorhalten – eben alles, was notwendig ist, um Ihre Angaben in den Steuererklärungen zu belegen. Übrigens: Nutzen Sie eine EDV-Lösung für Ihre Buchhaltung, müssen Sie dem Prüfer auf Verlangen die Buchhaltungsdaten auch elektronisch zur Verfügung stellen.

Prüfen Sie, ob alle angeforderten Unterlagen für den Prüfungszeitraum vollständig vorliegen. Und sortieren Sie Notizen oder Dokumente, die der Prüfer nicht unbedingt sehen muss, aus. Achten Sie speziell auf die kleinen, gelben Haftnotizen. Es ist eine beliebte Unart, alle Belege, die nicht ganz in Ordnung sind, weil beispielsweise Rechnungsangaben fehlen oder falsch sind, mit den selbstklebenden Gedächtnisstützen zu markieren. Liefern Sie dem Prüfer keine Steilvorlagen – entfernen Sie die gelben „Eyecatcher" und bessern Sie fehlerhafte Belege vor Erscheinen des Prüfers nach. Im Voraus Fehler zu bereinigen, ist immer besser, als später mit dem Prüfer darüber zu diskutieren.

Seien Sie bei Prüfungsbeginn nicht allzu großzügig, geben Sie dem Prüfer erst einmal nur die Unterlagen, die er anfragt. Im Laufe der Prüfung wird er immer wieder Rückfragen an Sie stellen und Unterlagen nachfordern. Kooperieren Sie, so gut Sie können. Aber nicht alles muss sofort erledigt werden. Fragen, die Sie nicht sofort beantworten können oder wollen, stellen Sie zurück und arbeiten sie Punkt für Punkt in Ruhe ab. Denn schnelle und unüberlegte Antworten können teuer werden. Wenn Sie einen Steuerberater haben, stimmen Sie sich vorher mit ihm ab. Lassen Sie sich aber nicht zu lange Zeit, sonst beschäftigt sich der Prüfer aus Langeweile noch mit anderen Prüfungsfeldern – und stößt eventuell auf Auffälligkeiten, die er ansonsten vielleicht gar nicht entdeckt hätte.

Beachten Sie während der Prüfung die Grundregeln menschlicher Kommunikation. Prüfer sind auch nur Menschen, die ihren Job machen. Der einzelne Finanzbeamte ist nicht für den Wust an Steuerparagrafen verantwortlich, die Ihnen das Leben schwer machen. Aber er besitzt bei vielen Entscheidungen einen erheblichen Ermessensspielraum und kann Ihnen Stolpersteine in den Weg legen – oder beiseiteschieben. Seien Sie also freundlich und zuvorkommend. Small Talk ist nicht verkehrt. Aber Vorsicht: Der scheinbar unverfängliche Plausch kann auch zu Ihrem steuerlichen Nachteil werden. Schnell ist mehr erzählt, als gut ist, und verraten, dass die letzte Geschäftsreise tatsächlich ein privater Urlaub war und der teure Geschäftswagen Ihr Hobby ist.

> **Sagt der Steuerzahler zum Betriebsprüfer**: „Ich bin steuerlich nicht vorgebildet und kann mich daher nur wahrheitsgemäß äußern."

Prüfungs-Showdown: Hier ist Feilschen erlaubt

Hat der Prüfer seine Prüfungshandlungen abgeschlossen, kommt es zum Showdown: der Schlussbesprechung. Hier kommen noch einmal alle Prüfungsfeststellungen, insbesondere die strittigen Punkte, auf den Tisch und werden abschließend diskutiert. Lassen Sie sich im Vorfeld alle Prüfungsfeststellungen schriftlich geben und bereiten Sie sich gezielt vor. Sammeln Sie Argumente, Urteile und Literaturmeinungen, die in strittigen Punkten für Sie sprechen. Während des Showdowns ist Feilschen ausdrücklich erlaubt. Denn die Höhe der Steuernachzahlung hängt zu einem wesentlichen Teil von Ihrem Verhandlungsgeschick ab. Treten Sie nicht als Bittsteller, sondern selbstbewusst auf und überzeugen Sie argumentativ statt durch Lautstärke. Um letztendlich zu einem gemeinsamen Ergebnis zu kommen, ist von beiden Seiten etwas Flexibilität und Kompromissbereitschaft erforderlich. Der Prüfer ist sicherlich auch für Zugeständnisse offen, denn er möchte den Prüfungsfall ohne seitenlange Stellungnahmen über die Bühne bringen. Klar ist, dass eine einvernehmliche Schlussbesprechung im Interesse aller Beteiligten ist. Das bedeutet aber nicht Einigung um jeden Preis. Wenn Sie sich nicht in allen Punkten einigen, dann akzeptieren Sie nur die eindeutigen und signalisieren Sie, dass Sie gegen die strittigen Feststellungen Einspruch einlegen werden. Das Ergebnis der Betriebsprüfung fasst der Prüfer schließlich in einem schriftlichen Prüfungsbericht zusammen. Gegen den Prüfungsbericht selbst können Sie sich nicht unmittelbar zur Wehr setzen, denn er ist kein anfechtbarer Verwaltungsakt. Einspruch können Sie erst gegen die aufgrund des Betriebsprüfungsberichts ergehenden Steuerbescheide einlegen. Dann wird der komplette Fall erneut aufgerollt und verhandelt. Falls das Finanzamt Ihrem Einspruch nicht folgt, bleibt Ihnen noch der Versuch, Ihr Recht vor dem Finanzgericht durchzusetzen.

Kassenführung: Kasse machen, aber richtig!

Für Selbstständige, die einen Großteil ihrer Umsätze (> 10 %) über die Barkasse vereinnahmen – wie z. B. Einzelhändler oder Gastronomen –, ist die ordnungsgemäße Kassenführung die wichtigste Disziplin im steuerlichen Zehnkampf. Der Grund: Der Barverkauf steht bei der Finanzverwaltung unter besonderer Beobachtung. Zu Recht! Denn jährlich gehen dem Fiskus Steuereinnahmen in Milliardenhöhe durch unversteuerte Bargeschäfte verloren. In Betriebsprüfungen ist die Kassenführung bei bargeldintensiven Betrieben regelmäßig Prüfungsschwerpunkt. Mängel in der Kassenführung führen nicht selten zur Schätzung von Zusatzeinkünften und damit zu Steuernachzahlungen.

Grundsätze der Kassenführung

Bargeschäfte sind **täglich** aufzuzeichnen. Eine rückwirkende Erfassung, z. B. für eine ganze Woche oder einen ganzen Monat, ist nicht zulässig. Die Aufzeichnung muss so beschaffen sein, dass die Kasse **jederzeit „kassensturzfähig"** ist, das bedeutet, der rechnerisch ermittelte Bestand der Kasse muss zum tatsächlich vorhandenen Bargeldbestand passen.

Auch bei Bargeschäften gilt – wie bei allen Geschäftsvorfällen – der **Grundsatz der Einzelaufzeichnungspflicht**. Danach ist jeder Geschäftsvorfall einzeln aufzuzeichnen, das heißt, die Höhe der Einnahme, der Inhalt des Geschäfts sowie Name und Adresse des Kunden sind zu dokumentieren. Aber: Jedem, der schon einmal beim Discounter in der Warteschlange gestanden hat, leuchtet sofort ein, dass bei Bargeldbranchen mit regem Kundenverkehr die Abfrage von Personendaten nicht zumutbar ist. Die Einzelaufzeichnung beschränkt sich hier allein auf die Art der Ware oder Leistung, die verkaufte Menge, den Preis und die Umsatzsteuer. Sie können die Einzelaufzeichnungspflicht Ihrer Bargeschäfte erfüllen, indem Sie akribisch alle Bareinnahmen mit den oben genannten Pflichtangaben einzeln aufzeichnen (z. B. durch Rechnungen, Quittungen, Listen). Das ist mit hohem Verwaltungsaufwand verbunden und im täglichen Betriebsablauf häufig nicht umsetzbar. Alternativ und wesentlich praktikabler können Sie Ihrer Einzelaufzeichnungspflicht durch den Einsatz einer finanzamtskonformen elektronischen Registrier- oder PC-Kasse nachkommen. Bei einer offenen Ladenkasse ist unter bestimmten Voraussetzungen auch die summarische Ermittlung der Bareinnahmen mittels eines Kassenberichts möglich.

Auf den Punkt gebracht:
Sie haben drei Möglichkeiten, Ihre Barerlöse zu erfassen:

1. **per Einzelaufzeichnung,**
2. mittels einer **elektronischen Kasse** oder
3. anhand eines **Kassenberichts**.

Aber beachten Sie, dass Sie nicht in jedem Fall die freie Auswahl zwischen diesen Varianten haben.

Elektronische Kasse (Registrierkasse oder PC-Kasse):

Viele Unternehmen, die Bargeld einnehmen, nutzen elektronische Kassen (Registrierkassen oder PC-Kassen). Dieser Einsatz von Technik bietet nicht nur eine Reihe von betriebswirtschaftlichen Vorteilen und Arbeitserleichterungen, mithilfe der elektronischen Kasse können Sie auch die steuerliche Einzelaufzeichnungspflicht erfüllen. Das Finanzamt knüpft die Verwendung von elektronischen

Kassen an strenge technische Anforderungen, die für Registrier- und PC-Kassen gleichermaßen gelten. So fordert die Finanzverwaltung seit 2017 von Ihrer elektronischen Kasse eine Art **Elefantengedächtnis**, das heißt, **sämtliche Kasseneinzeldaten** müssen über den **Aufbewahrungszeitraum von 10 Jahren unveränderbar archiviert** werden. Die bloße Speicherung genügt dabei nicht, auch eine **Datenexportmöglichkeit** ist gefragt: Sie müssen die Einzeldaten auch aus der Kasse „herausholen" und dem Betriebsprüfer im elektronischen Dateiformat zur Verfügung stellen können. Für jede Kasse müssen Sie außerdem die dazugehörigen Organisationsunterlagen (z. B. Bedienungs- und Programmierungsanleitungen, Einrichtungs- und Änderungsprotokolle) aufbewahren. Auch die konkreten Einsatzorte und Einsatzzeiträume sind für jede einzelne Kasse zu protokollieren.

Ab 2020 will das Finanzamt Ihnen noch stärker „an die Kasse gehen": Die elektronischen Kassen sollen dann über eine zertifizierte Sicherheitseinrichtung verfügen, einen Manipulationsschutz, der das Löschen von Umsätzen unmöglich macht. Vorgesehen ist auch die Pflicht zur Ausgabe von Quittungen an Kunden (Belegausgabepflicht).

Mit der elektronischen Kasse ermitteln Sie Ihre Tageseinnahmen. Das passiert durch Abruf des **Tagesendsummenbons** (des sogenannten „Z-Bons") nach Geschäftsschluss. Mit dem Ausdruck des Z-Bons wird der Kassenumsatzspeicher wieder auf „0" (Z = Zero) zurückgesetzt. Auf dem Z-Bon sind die Tageseinnahmen verdichtet und getrennt nach Umsatzsteuersätzen zusammengefasst. Der Tagesendsummenbon muss in Ihrer Buchführung als Buchungsbeleg erfasst und aufbewahrt werden. Führen Sie verpflichtend oder freiwillig ein Kassenbuch, müssen Sie zusätzlich jeden Tag die Tageseinnahmen vom Z-Bon in das Kassenbuch übertragen. Die Kasseneinzeldaten (wie Art der Ware oder Leistung, verkaufte Menge, Preise) sind für Ihre laufende Buchführung erst einmal nicht von besonderer Bedeutung. Sie werden erst bedeutsam bei einer Betriebsprüfung – dann möchte der Prüfer nämlich die vollständigen Kasseneinzeldaten haben, um sie elektronisch auf Plausibilität zu prüfen.

Der Z-Bon muss folgende Mindestangaben enthalten: Name des Unternehmers, Datum und Uhrzeit des Abrufs, fortlaufende Nummer, Tagesumsätze getrennt nach Umsatzsteuersätzen, Zahlungswege (bar, EC-Karte, Kreditkarte) sowie Stornierungen und Löschungshinweise. Achten Sie darauf, dass die Uhrzeit der Kasse richtig eingestellt ist und die Z-Bons alle fortlaufend vorhanden sind.

Vorsicht: Wenn Sie die formellen Anforderungen für elektronische Kassen nicht beachten, hat das Finanzamt gute Chancen, Ihre Buchführung insgesamt zu verwerfen, und dann drohen Steuernachzahlungen!

Offene Ladenkasse

Eine steuerliche Pflicht zur Verwendung von elektronischen Kassen besteht nicht (**keine Registrierkassenpflicht**). In vielen Fällen ist der Einsatz von elektronischen Kassen unter Kosten-Nutzen-Gesichtspunkten unverhältnismäßig oder in den Betriebsablauf nicht integrierbar, z. B. bei mobilen Imbissbetrieben oder Wochenmarktständen. In diesen Fällen ist das Führen einer offenen Ladenkasse sinnvoll. Eine offene Ladenkasse ist eine Kasse ohne jeglichen technischen Schnickschnack. Dabei werden Behältnisse wie Schubladen, Geldkassetten oder einfach ein Geldbeutel genutzt. Bei der offenen Ladenkasse zeichnen Sie entweder alle Bareinnahmen akribisch einzeln auf oder Sie nehmen die zulässige Vereinfachungsregelung in Anspruch. Denn die Finanzverwaltung gewährt Einzelhändlern und ähnlichen Berufsgruppen, für die weder elektronische Kassen noch Einzelaufzeichnungen zumutbar sind, eine Ausnahme von der Einzelaufzeichnungspflicht. Eine Einzelaufzeichnung ist dann nicht erforderlich, wenn Sie **Waren von geringem Wert an eine unbestimmte Vielzahl nicht bekannter und auch nicht feststellbarer Personen, also „Laufkundschaft", verkaufen**. Unter diesen Voraussetzungen dürfen Sie Ihre Bareinnahmen täglich in einer Summe durch das

Erstellen eines sogenannten **Kassenberichts** nachweisen. Ausgehend vom gezählten Kassenendbestand ermitteln Sie durch Rückrechnung aller Barbewegungen die Tageseinnahmen. Für die Anfertigung eines Kassenberichts muss **täglich zu Geschäftsschluss der gesamte Bargeldendbestand gezählt werden**. Der Endbestand der Kasse ist dann rechnerisch um die Ausgaben und Entnahmen zu erhöhen und um die Einlagen sowie um den Kassenanfangsbestand zu mindern, sodass als Schlussgröße die Tageseinnahme verbleibt. Die Beweiskraft des Kassenberichts erhöhen Sie, wenn Sie ein **Zählprotokoll** zur Ermittlung des Kassenendbestands führen. Ins Zählprotokoll tragen Sie ein, wie viele der unterschiedlichen Geldscheine und Münzen sich bei Geschäftsschluss in der Kasse befinden. Ein Muster für einen Kassenbericht und ein Zählprotokoll finden Sie im Anhang.

Grau ist die Theorie – ein **Beispiel** macht‘s verständlicher: Am 12.01. beträgt der Kassenendbestand 250 €. Am 13.01. werden 250 € für Privatzwecke entnommen und Büromaterial für 100 € bezahlt. Nach Geschäftsschluss am 13.01. ergibt sich durch Auszählen ein Kassenendbestand von 700 €. Durch Rückrechnung aller Barbewegungen vom gezählten Kassenendbestand ermittelt sich ein Tagesumsatz von 800 €:

Kassenbericht	
+ gezählter Tagesendbestand	**700 €**
+ betriebliche Barausgaben	100 €
+ Barentnahmen	250 €
- Bareinlagen	
- Kassenendbestand d. Vortages	**250 €**
= Barumsatz des Tages	**800 €**

Keine Anwendung der Vereinfachungsregel: Die Vereinfachungsregel, also die Möglichkeit, einen Kassenbericht zu führen, darf nicht angewendet werden bei: hohen einzelnen Bareinnahmen pro Kunde, Verkäufen an Wiederverkäufer, Erbringung von Dienstleistungen und in diversen Branchen (z. B. Restaurants und Gaststätten) bei Familien- oder Betriebsfeiern. Anders gesagt: Die Vereinfachungsregel gilt grundsätzlich für Unternehmen, die Artikel von geringem Wert des täglichen Bedarfs verkaufen (z. B. für den klassischen Einzelhändler). Selbstständige, die Dienstleistungen erbringen, sind allerdings immer zu Einzelaufzeichnungen verpflichtet. Zum Beispiel muss der Friseur für seine Dienstleistungstätigkeit (waschen, schneiden, föhnen) Einzelaufzeichnungen führen, aber für den Verkauf seiner Haarpflegeprodukte kann er seine Bareinnahmen anhand eines Kassenberichts (Vereinfachungsregel) ermitteln. Weil diese Kombination der Kassenaufzeichnungen sicherlich nicht sinnvoll ist, kann der Friseur seiner Einzelaufzeichnungspflicht auch nachkommen, indem er insgesamt für seinen Betrieb eine elektronische Kasse nutzt. Der tägliche Kassenbericht kann handschriftlich oder in elektronischer Form geführt werden. Ein elektronischer Kassenbericht ist nur finanzamtskonform, wenn er nach Erstellung nicht mehr änderbar ist. Wird der Kassenbericht mittels einer änderbaren Tabellenkalkulation erstellt (z. B. mit Excel), muss er täglich ausgedruckt und mit Datum versehen unterzeichnet werden.

Kassenbuch

Nicht jeder Selbstständige ist verpflichtet, ein Kassenbuch zu führen. Selbstständige, die eine Bilanz aufstellen, müssen das aber tun. Der Einnahmen-Überschuss-Rechner ist nicht dazu verpflichtet, er darf aber freiwillig ein Kassenbuch führen. Im Kassenbuch werden sämtliche Barbewegungen (Einnahmen, Ausgaben, Einlagen, Entnahmen) in zeitlicher Reihenfolge aufgezeichnet. Eines zum Verständnis vorweg: Ein Kassenbuch ersetzt nicht den Kassenbericht oder die Registrierkasse. Kassenbericht und Registrierkasse sind

Hilfsmittel zur Ermittlung der Tageseinnahmen, wohingegen im Kassenbuch alle Barbewegungen des Betriebs dokumentiert werden.

Die Eintragung der einzelnen Geldbeträge muss an dem Tag erfolgen, an dem sie tatsächlich in der Kasse landen oder aus ihr abfließen. Jeder Eintrag im Kassenbuch setzt einen Beleg voraus. Ist ausnahmsweise keiner vorhanden, erstellen Sie einen Eigenbeleg. Empfehlenswert ist es, die Belege zu nummerieren. Für jeden Geschäftsvorfall sind die Höhe der Einnahme oder Ausgabe, Datum und laufende Nummer, Buchungstext und Umsatzsteuersatz einzutragen. Privateinlagen und -entnahmen sowie Übertragungen zwischen Kasse und betrieblichem Bankkonto (Geldtransit) müssen ebenfalls aufgezeichnet werden. Die Einnahmen sind nach Umsatzsteuersätzen (7 %, 19 %) getrennt einzutragen. Bei bargeldlosen Einnahmen (z. B. bei Zahlung mit EC-Karte), die mittels Registrierkasse in die Tageseinnahmen gelangt sind, muss eine entsprechende Ausgabe in gleicher Höhe erfasst werden. Und beim privaten Vorlegen von Kosten, die anschließend aus der Kasse erstattet werden, ist der Eintrag immer mit dem Datum der Kassenauszahlung zu erfassen, nicht mit dem Belegdatum.

Das Kassenbuch kann in Papierform oder in elektronischer Form geführt werden. Ein auf Papier geführtes Kassenbuch muss gebunden sein, also ein Buch im Wortsinn. Wichtig: Fehlerhafte Eintragungen dürfen nur so verändert werden, dass der Inhalt im Original noch lesbar bleibt – mit Tipp-Ex übermalen ist also nicht zulässig.

In einem elektronisch geführten Kassenbuch dürfen die Eintragungen nicht mehr änderbar sein bzw. Änderungen müssen protokoliert werden. Wird das Kassenbuch mithilfe eines änderbaren Tabellenkalkulationsprogramms geführt (z. B. Excel), gilt dasselbe wie beim Kassenbericht: Die Ordnungsmäßigkeit ist nur gegeben, wenn das Kassenbuch täglich ausgedruckt, mit Datum versehen und unterschrieben wird.

Die sogenannte Kassensturzfähigkeit muss fortlaufend gewährleistet sein. Das heißt, dass der im Kassenbuch ausgewiesene Bestand mit dem tatsächlichen Barbestand übereinstimmen muss. Überprüfen Sie daher den Bestand des Kassenbuchs durch regelmäßiges Nachzählen Ihrer Kasse. Stellen Sie dabei Differenzen fest, müssen diese entsprechend erfasst werden. Kassendifferenzen sind normal. Es gibt keine Kasse, in der es nicht mal zu kleineren Abweichungen kommt. Schlecht ist, wenn das Kassenbuch öfter negative Beträge ausweist (**Kassenfehlbeträge**). Denn der tatsächliche Kassenbestand kann niemals negativ werden. Keine Kasse kann leerer als leer sein. Bei Vorliegen von Kassenfehlbeträgen unterstellt der Betriebsprüfer, dass nicht alle Einnahmen ordentlich erfasst wurden, und schätzt Einnahmen hinzu.

Nachstehend ein Auszug aus einem Kassenbuch:

Monat:		März	Blatt-Nr.: 3	Monatssaldo Anfangssaldo Endsaldo		92,10 € 150,00 € 242,10 €
Einnahmen	Ausgaben	Bestand	USt in %	Datum	Beleg Nr.	Text
		150,00 €				
651,90 €		801,90 €	19	01.03.	51	Tageseinnahme 19 %
41,70 €		843,60 €	7	01.03.	52	Tageseinnahme 7 %
	3,50 €	840,10 €	0	01.03.	53	Briefmarken
	100,00 €	740,10 €	0	01.03.	54	Privatentnahme
532,50 €		1.272,60 €	19	02.03.	55	Tageseinnahme 19 %
35,30 €		1.307,90 €	7	02.03.	56	Tageseinnahme 7 %
	65,80 €	1.242,10 €	19	02.03.	57	REWE Getränke
	1.000 €	242,10 €	0	02.03.	58	Bankeinzahlung
usw.						
1.261,40 €	1.169,30 €					

Und zu guter Letzt: Führen Sie eine reine Ausgabenkasse, um beispielsweise die nächste Tankfüllung oder Büromaterial bar zu zahlen, müssen Sie sich um die kleinlichen Kassenregelungen keine Sorgen machen. Denn unter besonderer Beobachtung stehen nur Betriebe mit Bareinnahmen.

Typische Kassenfehler

➡ Kassenaufzeichnungen werden nicht täglich geführt: Kassenbuch bzw. Kassenbericht weisen ein einheitliches Schriftbild aus, weil sie nachträglich erstellt wurden.

➡ Die Kassensturzfähigkeit ist nicht erfüllt, weil nicht in regelmäßigen Zeitabständen der rechnerisch ermittelte Kassenbestand durch Nachzählen überprüft wird.

➡ Kassenfehlbeträge (negative Bestände) liegen vor. Tatsächlich können Kassenfehlbeträge nicht auftreten, da der niedrigste mögliche Kassenstand 0 Euro beträgt, nämlich dann, wenn alles Geld aus der Kasse entnommen wurde.

➡ Nur glatte Euro-Beträge im Kassenbericht deuten darauf hin, dass der Kassenbestand nicht durch Zählen ermittelt wurde.

➡ Außergewöhnlich hohe Kassenbestände sind verzeichnet, die betrieblich nicht notwendig oder sinnvoll sind, weil z. B. das Bankkonto negative Salden ausweist.

➡ Die Uhrzeit wird bei Registrierkassen nicht auf Richtigkeit geprüft.

➡ Ursprüngliche Inhalte im Kassenbuch bzw. Kassenbericht wurden durch Überschreibungen, Radierungen oder Löschungen unkenntlich gemacht.

Personalkosten: Was kostet mich mein Mitarbeiter tatsächlich?

Das Geschäft brummt und Sie können die Arbeit nicht mehr im Alleingang schultern. Sie sind auf personelle Verstärkung angewiesen, um Ihr Unternehmen voranzubringen. Wenn Sie Mitarbeiter einstellen, entstehen Personalkosten. Und die sind höher, als Sie vielleicht im ersten Moment vermuten. Sie müssen nämlich mehr als das vereinbarte Bruttogehalt zahlen. Für Sie als Arbeitgeber fallen neben dem Gehalt für Ihre Mitarbeiter auch sogenannte Lohnnebenkosten an. Grundsätzlich ist zwischen zwei Arten von Lohnnebenkosten zu unterscheiden:

1. gesetzlich festgelegten Sozialabgaben
2. betriebsinternen/tariflichen Zusatzkosten

Gesetzliche Sozialabgaben

An den gesetzlich festgelegten Sozialabgaben kommen Sie nicht vorbei, die müssen Sie auf jeden Fall zahlen. Dabei handelt es sich um den **Arbeitgeberanteil zur Kranken-, Pflege-, Renten- und Arbeitslosenversicherung**. Über den Daumen gepeilt sind das zusätzlich 22 Prozent vom Bruttogehalt Ihres Mitarbeiters. Die Sozialversicherung wird zu etwa gleichen Anteilen vom Arbeitgeber und vom Arbeitnehmer getragen. Der Beitrag des Arbeitnehmers wird in seiner Gehaltsabrechnung abgezogen, vom Arbeitgeber einbehalten und zusammen mit dem Arbeitgeberanteil an die entsprechende Krankenkasse abgeführt.

Auch die **Lohnfortzahlung** bei Krankheit, Urlaub und gesetzlichen Feiertagen unter der Woche gehört in die Kategorie der Pflichtabgaben. Kleine und mittelständische Unternehmen (< 30 Mitarbeiter) haben jedoch das Recht, sich die anfallenden Entgeltfortzahlungen für erkrankte Mitarbeiter von den Krankenkassen erstatten zu lassen. Dafür zahlen Sie als Arbeitgeber Umlagen (Beiträge) an die Krankenkassen.

Die gesetzlichen Lohnnebenkosten, die Sie als Chef berappen müssen, sind auf die gesetzlichen Beitragsbemessungsgrenzen beschränkt. Damit ist festgelegt, bis zu welchem Höchstbetrag des Bruttogehalts Sozialabgaben zu leisten sind. Das darüber hinausgehende Gehalt wird nicht mehr mit Sozialabgaben belastet.
Als Arbeitgeber müssen Sie zudem noch Beiträge zur Berufsgenossenschaft (gesetzliche Unfallversicherung) und Insolvenzgeldumlagen zahlen.

In der nachstehenden Tabelle erhalten Sie einen Überblick über die gesetzlichen Sozialabgaben.

Sozialabgabe (Stand: 2019)	Gesamtbeitrag	davon Arbeitnehmer	davon Arbeitgeber
Krankenversicherung	14,6 %	7,30 % (+ möglicher halber Zusatzbeitrag)	7,30 % (+ möglicher halber Zusatzbeitrag)
Rentenversicherung	18,60 %	9,30 %	9,30 %
Arbeitslosenversicherung	2,50 %	1,25 %	1,25 %
Pflegeversicherung	3,05 %	1,525 % Beitragszuschlag für Kinderlose 0,25 %	1,525 %
Insolvenzgeldumlage	0,06 %		0,06 %
U1 – Entgeltfortzahlung im Krankheitsfall	Höhe des Umlagesatzes von der Krankenkasse und von dem Erstattungssatz abhängig (0,9 % - 4,42 %)		trägt Arbeitgeber allein
U2 - Mutterschaftsaufwendungen	Höhe des Umlagesatzes von der Krankenkasse abhängig (0,19 % - 0,70 %)		trägt Arbeitgeber allein
Gesetzliche Unfallversicherung	Beiträge sind abhängig von der Gefahrenklasse, die für den Betrieb gelten		trägt Arbeitgeber allein

Exkurs: Minijob

Wollen Sie Mitarbeiter als „Minijobber“ (mit einem Gehalt bis zu 450 € pro Monat) beschäftigen, müssen Sie zusätzlich zum Arbeitslohn rund 30 Prozent pauschale Sozialabgaben (13 % Krankenversicherung, 15 % Rentenversicherung, 2 % pauschale Lohnsteuer) zahlen. Der Minijobber ist im Hinblick auf die Höhe der Sozialabgaben der teuerste Mitarbeiter. Weil Sie als Chef für Ihren Minijobber bereits so hohe Abgaben leisten, kommt dafür bei Ihrem Mitarbeiter der Arbeitslohn steuer- und sozialversicherungsfrei (brutto = netto) an. Ihr Minijobber kann von seinem Gehalt einen Eigenanteil (3,6 %) zur gesetzlichen Rentenversicherung leisten und damit einen persönlichen Rentenanspruch erwerben.

Übrigens: Auch der Minijobber hat Anspruch auf Entgeltfortzahlung bei Krankheit, Urlaub und Feiertag.

Tarifliche oder freiwillige Lohnnebenkosten

Neben den gesetzlichen Sozialabgaben können zusätzlich Lohnkosten entstehen, weil Ihr Betrieb an eine Tarifvereinbarung gebunden ist oder weil Sie Ihren Mitarbeitern freiwillige Leistungen gewähren. Darunter fallen beispielsweise das Weihnachts- oder Urlaubsgeld, das 13. Monatsgehalt, vermögenswirksame Leistungen, betriebliche Altersvorsorge oder Aufwendungen für Fort- und Weiterbildungsmaßnahmen.

Wirtschaftlichkeit: Ein Mitarbeiter kostet Sie Geld. Als Chef dürfen Sie dafür eine Gegenleistung erwarten, die die Personalkosten übersteigt. Das ist nicht verwerflich, sondern betriebswirtschaftlich vernünftig. Welchen Nutzen bzw. Umsatz ein Mitarbeiter erwirtschaften soll, variiert natürlich von Betrieb zu Betrieb und von Branche zu Branche. Aber als Faustregel sollte ein Mitarbeiter **mindestens das 1,5-Fache** dessen einbringen, was er kostet. Stimmt das Verhältnis nicht, sollten Sie sich Gedanken machen.

Steuerfreie Gehaltsextras: mehr netto vom Brutto für Ihre Mitarbeiter

Während von einer klassischen Gehaltserhöhung bei einem gut verdienenden Mitarbeiter nach Abzug der Steuern und Sozialabgaben meist nur rund die Hälfte ankommt, verbleiben die sogenannten steuerfreien Extras in voller Höhe (brutto = netto) in der Geldbörse Ihres Mitarbeiters. Es kommt noch besser: Meist sind diese Extras nicht nur **steuerfrei, sondern auch sozialabgabenfrei**. Als Chef sparen Sie also auch – nämlich Ihren Anteil an der Sozialversicherung. Ein interessantes Gehaltsinstrument für beide Seiten. Steuerfreie Extras sind bestimmte begünstigte Dienst- oder Sachleistungen. Ein Dämpfer vorweg: Nahezu alle Extras sind an kleinliche Voraussetzungen geknüpft und nur in geringer Dosiermenge einsetzbar. Für Gehaltsextras gilt die Regel, dass sie zusätzlich zum ohnehin geschuldeten Arbeitslohn gewährt werden müssen. Die reine Umwandlung von bisherigem Lohn in steuerfreie Extras ist also von der Begünstigung ausgeschlossen, die Extras müssen „on top" spendiert werden. Gehaltsextras kommen in Betracht, wenn eine Gehaltserhöhung oder Sonderzahlung ansteht oder wenn Sie bei einem neuen Mitarbeiter die Zusammensetzung des Gehalts planen.

Ein Beispiel macht's klarer: Statt einer „normalen" Gehaltserhöhung in Höhe von 200 € wählt Ihr Mitarbeiter einen monatlichen Kindergartenzuschuss in Höhe von 156 € und einen Tankgutschein in Höhe von 44 € (Annahme: bisheriges Gehalt 3.000 €, Steuerklasse 3, 1 Kind). Das Ergebnis: Ihr Mitarbeiter hat ein Netto-Plus in Höhe von 83 € gegenüber der „normalen" Gehaltserhöhung und als Chef haben Sie eine Ersparnis an Sozialabgaben in Höhe von 40 € pro Monat. Nicht schlecht, oder?!

	bisheriges Gehalt	„normale" Gehalts-erhöhung	Gehalts-erhöhung mittels steuerfreier Extras	Differenz
Bruttolohn	3.000 €	3.200 €	3.000 €	
steuerfreie Extras			200 €	
Lohnsteuer (+ SolZ)	192 €	234 €	192 €	
Sozialversicherung, Arbeitnehmeranteil	616 €	657 €	616 €	
Nettoeinkommen Arbeitnehmer	2.192 €	2.309 €	2.392€	+ 83 €
Sozialversicherung, Arbeitgeberanteil	582 €	622 €	582 €	- 40 €

Neben den steuerfreien Extras gibt es auch ermäßigt besteuerte Extras (z. B. Fahrtkostenzuschuss). Die kommen bei Ihrem Mitarbeiter ebenfalls brutto wie netto an, aber als Chef müssen Sie dafür pauschale Steuern abführen.

TIPP: Die Gehaltsextras können auch bei Minijobbern eingesetzt werden. Das Gute: Sie werden nicht auf die 450-€-Grenze angerechnet. Dadurch sind sogar Verdienste über 450 € pro Monat möglich, ohne dass der Status eines Minijobs gefährdet ist.

Nachstehend ein Überblick über die beliebtesten Gehaltsextras:

steuer- und sozialabgabenfreie Extras	Bedingung
Warengutscheine oder Sachprämien	Sachprämien bis 44 € pro Monat sind frei. Dabei kann es sich auch um Tank- oder Warengutscheine handeln. Achtung: Bei Überschreiten der 44-€-Grenze nur um einen Cent ist der gesamte Betrag steuer- und abgabenpflichtig.
Fahrtkostenzuschuss	Für Ihren Mitarbeiter ist der Zuschuss für Fahrten von der Wohnung zur Arbeitsstätte steuer- und sozialversicherungsfrei. Er beträgt 0,30 € pro Entfernungskilometer (einfach) und pro Arbeitstag (falls nicht einzelaufgezeichnet wird, können pauschal 15 Arbeitstage pro Monat angesetzt werden). Voraussetzung: Sie als Arbeitgeber zahlen eine Pauschalsteuer in Höhe von 15 %.

Smartphone, Laptop & Co.	Die Überlassung von Smartphone, Laptop & Co. zur privaten Nutzung an Ihre Mitarbeiter ist frei, unabhängig vom Umfang der privaten Nutzung. Wichtig: Die Rechnungen und Verträge müssen auf den Arbeitgeber ausgestellt sein.
betriebliche Altersvorsorge (Direktversicherung)	3.120 € pro Jahr sind für 2019 steuer- und sozialversicherungsfrei (4 % der Beitragsbemessungsgrenze), zusätzlich sind 3.120 € pro Jahr steuerfrei.
Kindergartenzuschuss	Übernahme der Betreuungs- und Unterbringungskosten von nicht schulpflichtigen Kindern in Kindergärten oder vergleichbaren Einrichtungen. Beachte: Essensgeld ist nicht begünstigt.
Zuschläge für Sonntags-, Feiertags- und Nachtarbeit	Frei sind Zuschläge auf den Grundlohn bis · 25 % für Nachtarbeit (20 Uhr bis 6 Uhr) bzw. 40 % für Arbeit zwischen 0 Uhr und 4 Uhr (bei Arbeitsbeginn vor 0 Uhr), · 50 % für Sonntagsarbeit, · 125 % für Arbeit an gesetzlichen Feiertagen. Wichtig: Zeitnachweise dafür sind zu führen.

E-Bike	Die Überlassung eines Fahrrads oder E-Bikes ist steuer- und sozialversicherungsfrei (nicht begünstigt: E-Bikes > 25 km/h).
Personalrabatte	Sie können Ihren Mitarbeitern auch eigene Waren oder Leistungen verbilligt überlassen. Preisnachlässe bis zu 1.080 € (Rabattfreibetrag) pro Jahr sind frei. Der Rabatt berechnet sich aus dem üblichen Verkaufspreis abzüglich 4 % und dem vom Mitarbeiter gezahlten Entgelt.
Gesundheitsförderung	Begünstigt sind gesundheitsfördernde Maßnahmen und Kurse, die von den gesetzlichen Krankenkassen unterstützt werden, z. B. Rückengymnastik, Stressbewältigung oder ein Ernährungskurs, insgesamt bis zu 500 € pro Jahr. Nicht begünstigt: Beiträge für ein Fitnessstudio oder einen Sportverein.
Job-Ticket	Das Job-Ticket ist steuer- und sozialversicherungsfrei. Der Arbeitgeber zahlt eine Pauschalsteuer in Höhe von 25 %.

Schlussbemerkung

Zum Schluss wünsche ich Ihnen, dass Sie ganz viele Steuern zahlen können, denn wer keine Steuern zahlt, ist arm dran.

Ihr Andreas Görlich

Anhang: Vordrucke

- Steuerlicher Fragebogen
- Einnahmen-Überschuss-Rechnung
- Anlageverzeichnis
- Umsatzsteuer-Voranmeldung
- Kassenbericht mit Zählprotokoll

An das Finanzamt | Eingangsstempel oder -datum

1

2 **Steuernummer**

Fragebogen zur steuerlichen Erfassung

3 ☐ **Aufnahme einer gewerblichen, selbständigen (freiberuflichen) oder land- und forstwirtschaftlichen Tätigkeit**

4 ☐ **Beteiligung an einer Personengesellschaft/-gemeinschaft**
– Bitte beantworten Sie nur die Fragen zu Abschnitt 1, Abschnitt 2 – nur Textziffer 2.6, Abschnitt 3 und Abschnitt 8 –

1. Allgemeine Angaben

1.1 Steuerpflichtige(r)/Beteiligte(r)

5 Name | Vorname

6 ggf. Geburtsname

7 Ausgeübter Beruf | Geburtsdatum

8 Straße

9 Hausnummer | Hausnummerzusatz | Adressergänzung

10 Postleitzahl | Wohnort

11 Postleitzahl | Ort (Postfach) | Postfach

12 Identifikationsnummer | Identifikationsnummer | **Religionsschlüssel:** Evangelisch = EV, Römisch-Katholisch = RK, nicht kirchensteuerpflichtig = VD, weitere siehe Ausfüllhilfe | Religion

Stand der Ehe/eingetragenen Lebenspartnerschaft (Datum = TT.MM JJJJ)

13 Verheiratet/Eingetragen seit dem | Verwitwet seit dem | Geschieden/Aufgehoben seit dem | Dauernd getrennt lebend seit dem

1.2 Ehegatte/Ehegattin/eingetragene(r) Lebenspartner(in)

14 Name | Vorname

15 ggf. Geburtsname

16 Ausgeübter Beruf | Geburtsdatum

17 **Falls von den Zeilen 8 und 10 abweichend:** Straße

18 Hausnummer | Hausnummerzusatz | Adressergänzung

19 Postleitzahl | Wohnort

20 Identifikationsnummer | Identifikationsnummer | **Religionsschlüssel:** Evangelisch = EV, Römisch-Katholisch = RK, nicht kirchensteuerpflichtig = VD | Religion

1.3 Kommunikationsverbindungen

Telefon:

21 Vorwahl international | Vorwahl national | Rufnummer

22 Vorwahl international | Vorwahl national | Rufnummer

23 E-Mail

24 Internetadresse

1.4 Art der Tätigkeit (genaue Bezeichnung des Gewerbezweiges)

25

26

Steuernummer

1.5 Bankverbindung(en) für Steuererstattungen/**SEPA-Lastschriftverfahren**

Alle Steuererstattungen sollen an folgende Bankverbindung erfolgen:

27 IBAN

28 BIC

29 Geldinstitut (Name, Ort)

30 **Kontoinhaber(in)** lt. Zeile 5 ☐ lt. Zeile 14 oder: ggf. abweichende(r) Kontoinhaber(in)

Personensteuererstattungen
(z. B. Einkommensteuer) sollen an folgende Bankverbindung erfolgen:

31 IBAN

32 BIC

33 Geldinstitut (Name, Ort)

34 **Kontoinhaber(in)** lt. Zeile 5 ☐ lt. Zeile 14 oder: ggf. abweichende(r) Kontoinhaber(in)

Betriebssteuererstattungen
(z. B. Umsatz-, Lohnsteuer) sollen an folgende Bankverbindung erfolgen:

35 IBAN

36 BIC

37 Geldinstitut (Name, Ort)

38 **Kontoinhaber(in)** lt. Zeile 5 ☐ lt. Zeile 14 oder: ggf. abweichende(r) Kontoinhaber(in)

Möchten Sie am **SEPA-Lastschriftverfahren,** dem für beide Seiten einfachsten Zahlungsweg, teilnehmen?

39 ☐ Ja. Das ausgefüllte SEPA-Lastschriftmandat ist beigefügt.

1.6 Steuerliche Beratung

40 ☐ Nein ☐ Ja

41 Firma

oder

42 Name | Vorname

43 Straße

44 Hausnummer | Hausnummerzusatz | Adressergänzung

45 Postleitzahl | Ort

46 Postleitzahl | Ort (Postfach) | Postfach

Kommunikationsverbindungen

Telefon

47 Vorwahl international | Vorwahl national | Rufnummer

48 E-Mail

2016FsEEU012NET

Steuernummer

1.7 Empfangsbevollmächtigte(r) für alle Steuerarten

49 ☐ Die unter Tz. 1.6 angegebene steuerliche Beratung ist empfangsbevollmächtigt. Die gesonderte Vollmacht ist beigefügt.

oder

50 Firma

oder

51 Name | Vorname

52 Straße

53 Hausnummer | Hausnummerzusatz | Adressergänzung

54 Postleitzahl | Ort

55 Postleitzahl | Ort (Postfach) | Postfach

Kommunikationsverbindungen

56 Telefon: Vorwahl international | Vorwahl national | Rufnummer

57 E-Mail

58 ☐ Die gesonderte **Vollmacht** für Zeile 52 oder 53 ist beigefügt.

1.8 Bisherige persönliche Verhältnisse

59 Falls Sie innerhalb der letzten 12 Monate zugezogen sind: | Zugezogen am (TT.MM.JJJJ)

60 Straße

61 Hausnummer | Hausnummerzusatz | Adressergänzung

62 Postleitzahl | Wohnort

63 Postleitzahl | Ort (Postfach) | Postfach

Waren Sie (oder ggf. Ihr(e) Ehegatte/Ehegattin/eingetragene(r) Lebenspartner(in)) in den letzten drei Jahren für Zwecke der Einkommensteuer steuerlich erfasst?

64 ☐ Nein ☐ Ja | Finanzamt

65 Steuernummer

2. Angaben zur gewerblichen, selbständigen (freiberuflichen) oder land- und forstwirtschaftlichen Tätigkeit

2.1 Anschrift des Unternehmens

66 Bezeichnung

67 Straße

68 Hausnummer | Hausnummerzusatz | Adressergänzung

69 Postleitzahl | Ort

70 Postleitzahl | Ort (Postfach) | Postfach

ggf. abweichender Ort der Geschäftsleitung

71 Straße

72 Hausnummer | Hausnummerzusatz | Adressergänzung

73 Postleitzahl | Ort

Kommunikationsverbindungen

74 Telefon: Vorwahl international | Vorwahl national | Rufnummer

75 E-Mail

76 Internetadresse

2016FsEEU013NET

201600501203

Steuernummer

77 **2.2 Beginn der Tätigkeit** (inklusive Vorbereitungshandlungen) (TT.MM.JJJJ)

2.3 Betriebsstätten

78 Werden in mehreren Gemeinden Betriebsstätten unterhalten? Nein

lfd. Nr.

79 Ja 001 Bezeichnung

80 Anschrift, Straße

81 Hausnummer Hausnummerzusatz Adressergänzung

82 Postleitzahl Ort

Telefon:

83 Vorwahl international Vorwahl national Rufnummer

lfd. Nr.

84 002 Bezeichnung

85 Anschrift, Straße

86 Hausnummer Hausnummerzusatz Adressergänzung

87 Postleitzahl Ort

Telefon:

88 Vorwahl international Vorwahl national Rufnummer

89 Bei mehr als zwei Betriebsstätten: Gesonderte Aufstellung ist beigefügt.

2.4 Handelsregistereintragung

90 Ja, seit Nein Eine Eintragung ist beabsichtigt.

91 Antrag beim Handelsregister gestellt

92 beim Amtsgericht am (TT.MM.JJJJ)

93 Ort

94 Registernummer

2.5 Gründungsform (Bitte ggf. die entsprechenden Verträge beifügen!) (Datum = TT.MM.JJJJ)

95 Neugründung zum Verlegung zum

96 Übernahme (z. B. Kauf, Pacht, Vererbung, Schenkung) zum Umwandlung/Einbringung/Verschmelzung zum

97 Vorheriges Unternehmen: Firma

oder

98 Name Vorname

99 Straße

100 Hausnummer Hausnummerzusatz Adressergänzung

101 Postleitzahl Ort

102 Finanzamt Steuernummer

103 ggf. Umsatzsteuer-Identifikationsnummer

2016FsEEU014NET

Steuernummer

2.6 Bisherige betriebliche Verhältnisse

Ist in den letzten fünf Jahren schon ein Gewerbe, eine selbständige (freiberufliche) oder eine land- und forstwirtschaftliche Tätigkeit ausgeübt worden oder waren Sie an einer Personengesellschaft oder zu mindestens 1 % an einer Kapitalgesellschaft beteiligt?

104 ☐ Nein ☐ Ja — Art der Tätigkeit/Beteiligung

105 Ort

106 Dauer vom — bis (TT.MM.JJJJ)

107 Finanzamt — Steuernummer

108 ggf. Umsatzsteuer-Identifikationsnummer

3. Angaben zur Festsetzung der Vorauszahlungen (Einkommensteuer, Gewerbesteuer)

	3.1 Voraussichtliche Einkünfte aus	im Jahr der Betriebseröffnung Steuerpflichtige(r) EUR	 Ehegatte(in)/Lebenspartner(in) EUR	im Folgejahr Steuerpflichtige(r) EUR	 Ehegatte(in)/Lebenspartner(in) EUR
109	Land- und Forstwirtschaft				
110	Gewerbebetrieb				
111	Selbständiger Arbeit				
112	Nichtselbständiger Arbeit				
113	Kapitalvermögen				
114	Vermietung und Verpachtung				
115	Sonstigen Einkünften (z. B. Renten)				
	3.2 Voraussichtliche Höhe der				
116	Sonderausgaben				
117	Steuerabzugsbeträge				

4. Angaben zur Gewinnermittlung

118 Gewinnermittlungsart ☐ Einnahmenüberschussrechnung

119 ☐ Vermögensvergleich (Bilanz)

Hinweis: *Die Eröffnungsbilanz ist gemäß § 5b Abs. 1 Satz 5 EStG nach amtlich vorgeschriebenem Datensatz durch Datenfernübertragung zu übermitteln.*

120 ☐ Gewinnermittlung nach Durchschnittssätzen (nur bei Land- und Forstwirtschaft)

121 ☐ Sonstige (z. B. § 5a EStG)

Liegt ein vom Kalenderjahr abweichendes Wirtschaftsjahr vor?

122 ☐ Nein ☐ Ja, Beginn (TT.MM.JJJJ)

5. Freistellungsbescheinigung gemäß § 48b Einkommensteuergesetz (EStG) („Bauabzugsteuer")

Das Merkblatt zum Steuerabzug bei Bauleistungen steht Ihnen im Internet unter www.bzst.de zum Download zur Verfügung. Sie können es aber auch bei Ihrem Finanzamt erhalten.

123 ☐ Ich beantrage die Erteilung einer Bescheinigung zur Freistellung vom Steuerabzug bei Bauleistungen gemäß § 48b EStG.

6. Angaben zur Anmeldung und Abführung der Lohnsteuer

124 Zahl der Arbeitnehmer (einschließlich Aushilfskräfte) Insgesamt — a) davon Familienangehörige — b) davon geringfügig Beschäftigte

125 Beginn der Lohnzahlungen (TT.MM.JJJJ)

126 Anmeldungszeitraum (voraussichtliche Lohnsteuer im Kalenderjahr) ☐ **monatlich** (mehr als 4.000 EUR) ☐ **vierteljährlich** (mehr als 1.080 EUR) ☐ **jährlich** (nicht mehr als 1.080 EUR)

Steuernummer

Die für die Lohnberechnung maßgebenden Lohnbestandteile werden zusammengefasst im Betrieb/Betriebsteil:

127 Bezeichnung

128 Straße

129 Hausnummer | Hausnummerzusatz | Adressergänzung

130 Postleitzahl | Ort

7. Angaben zur Anmeldung und Abführung der Umsatzsteuer

7.1 Summe der Umsätze (geschätzt)

131 im Jahr der Betriebseröffnung EUR | im Folgejahr EUR

7.2 Geschäftsveräußerung im Ganzen (§ 1 Abs. 1a Umsatzsteuergesetz (UStG))

Es wurde ein Unternehmen oder ein in der Gliederung eines Unternehmens gesondert geführter Betrieb erworben:

132 ☐ Nein ☐ Ja (siehe Eintragungen zu Tz. 2.6 Übernahme)

7.3 Kleinunternehmer-Regelung

133 ☐ Der auf das Kalenderjahr hochgerechnete Gesamtumsatz wird die Grenze von 17.500 EUR voraussichtlich nicht überschreiten. Es wird die Kleinunternehmer-Regelung (§ 19 Abs. 1 UStG) in Anspruch genommen.

In Rechnungen wird keine Umsatzsteuer gesondert ausgewiesen und es kann kein Vorsteuerabzug geltend gemacht werden.

Hinweis: *Angaben zu Tz. 7.8 sind nicht erforderlich; Umsatzsteuer-Voranmeldungen sind grundsätzlich nicht zu übermitteln.*

134 ☐ Der auf das Kalenderjahr hochgerechnete Gesamtumsatz wird die Grenze von 17.500 EUR voraussichtlich nicht überschreiten. Es wird auf die Anwendung der Kleinunternehmer-Regelung verzichtet.

Die Besteuerung erfolgt nach den allgemeinen Vorschriften des Umsatzsteuergesetzes **für mindestens fünf Kalenderjahre** (§ 19 Abs. 2 UStG); Umsatzsteuer-Voranmeldungen sind monatlich in elektronischer Form authentifiziert zu übermitteln.

7.4 Organschaft (§ 2 Abs. 2 Nr. 2 UStG)

135 ☐ Ich bin Organträger folgender Organgesellschaft:

136 Firma

137 Straße

138 Hausnummer | Hausnummerzusatz | Adressergänzung

139 Postleitzahl | Ort

140 Postleitzahl | Ort (Postfach) | Postfach

141 Rechtsform

142 Beteiligungsverhältnis (Bruchteil) /

143 Finanzamt | Steuernummer

144 ggf. Umsatzsteuer-Identifikationsnummer

Hinweis: *Weitere organschaftliche Verbindungen bitte in einer Anlage (formlos) mitteilen.*

7.5 Steuerbefreiung

Es werden ganz oder teilweise steuerfreie Umsätze gem. § 4 UStG ausgeführt:

145 ☐ Nein ☐ Ja Art des Umsatzes/der Tätigkeit (§4Nr. UStG)

7.6 Steuersatz

Es werden Umsätze ausgeführt, die ganz oder teilweise dem ermäßigten Steuersatz gem. § 12 Abs. 2 UStG unterliegen:

146 ☐ Nein ☐ Ja Art des Umsatzes/der Tätigkeit (§ 12 Abs. 2 Nr. UStG)

7.7 Durchschnittssatzbesteuerung

Es werden ganz oder teilweise Umsätze ausgeführt, die der Durchschnittssatzbesteuerung gem. § 24 UStG unterliegen:

147 ☐ Nein ☐ Ja Art des Umsatzes/der Tätigkeit (§ 24 Abs. 1 Nr. UStG)

2016FsEEU016NET

Steuernummer

7.8 Soll-/Istversteuerung der Entgelte

148 Ich berechne die Umsatzsteuer nach ☐ vereinbarten Entgelten **(Sollversteuerung).**

149 ☐ vereinnahmten Entgelten. Ich beantrage hiermit die **Istversteuerung,** weil

150 ☐ der auf das Kalenderjahr hochgerechnete Gesamtumsatz für das Gründungsjahr voraussichtlich nicht mehr als 500.000 EUR betragen wird.

151 ☐ ich von der Verpflichtung, Bücher zu führen und auf Grund jährlicher Bestandsaufnahmen regelmäßig Abschlüsse zu machen, nach § 148 Abgabenordnung (AO) befreit bin.

152 ☐ ich Umsätze ausführe, für die ich als Angehöriger eines freien Berufs im Sinne von § 18 Abs. 1 Nr. 1 des Einkommensteuergesetzes weder buchführungspflichtig bin noch freiwillig Bücher führe.

7.9 Umsatzsteuer-Identifikationsnummer

153 ☐ Ich **benötige** für die Teilnahme am innergemeinschaftlichen Waren- und Dienstleistungsverkehr eine Umsatzsteuer-Identifikationsnummer (USt-IdNr.).

Hinweis: *Bei Vorliegen einer Organschaft ist die USt-IdNr. der Organgesellschaft vom Organträger zu beantragen.*

154 ☐ Ich **habe bereits** für eine frühere Tätigkeit folgende USt-IdNr. erhalten:

155 USt-IdNr. Vergabedatum: (TT.MM.JJJJ)

7.10 Steuerschuldnerschaft des Leistungsempfängers bei Bau- und/oder Gebäudereinigungsleistungen

156 ☐ Es wird die Erteilung eines Nachweises zur Steuerschuldnerschaft des Leistungsempfängers bei Bau- und/oder Gebäudereinigungsleistungen (Vordruck USt 1 TG) beantragt.

157 ☐ Der Umfang der ausgeführten **Bauleistungen** i. S. des § 13b Abs. 2 Nr. 4 UStG beträgt voraussichtlich mehr als 10 % des Weltumsatzes (Summe der im Inland steuerbaren und nicht steuerbaren Umsätze).

158 ☐ Der Umfang der ausgeführten **Gebäudereinigungsleistungen** i. S. des § 13b Abs. 2 Nr. 8 UStG beträgt voraussichtlich mehr als 10 % des Weltumsatzes (Summe der im Inland steuerbaren und nicht steuerbaren Umsätze).

Hinweis: *Die Voraussetzungen zur Erteilung der Bescheinigung sind in geeigneter Weise in einer Anlage glaubhaft zu machen.*

7.11 Besonderes Besteuerungsverfahren „Mini-one-stop-shop"

Nur bei Ausführung von Telekommunikationsleistungen, Rundfunk- und Fernsehdienstleistungen oder auf elektronischem Weg erbrachten sonstigen Leistungen durch einen in einem anderen EU-Mitgliedstaat ansässigen Unternehmer an einen im Inland ansässigen Nichtunternehmer:

159 ☐ Ich nehme das besondere Besteuerungsverfahren („Mini-one-stop-shop") in Anspruch. Die entsprechenden Umsätze erkläre ich über die zuständige Behörde in meinem Ansässigkeitsstaat.

8. Angaben zur Beteiligung an einer Personengesellschaft/-gemeinschaft

160 Bezeichnung der Gesellschaft / Gemeinschaft

161 Straße

162 Hausnummer | Hausnummerzusatz | Adressergänzung

163 Postleitzahl | Ort

164 Postleitzahl | Ort (Postfach) | Postfach

165 Finanzamt | Steuernummer

(Fügen Sie bitte eine Kopie des Gesellschaftsvertrags bei!)

Hinweis: *Die mit diesem Fragebogen angeforderten Daten werden aufgrund der §§ 85, 88, 90, 93 und 97 AO erhoben.*

166

Ort, Datum

Unterschrift des/der Steuerpflichtigen und ggf. des Ehegatten/der Ehegattin bzw. des/der eingetragenen Lebenspartners/Lebenspartnerin bzw. des/der Vertreter(s) oder Bevollmächtigten

2016FsEEU017NET

Steuernummer

167 Anlagen: ☐ Teilnahmeerklärung für das SEPA-Lastschriftverfahren (Tz. 1.5)

168 ☐ Empfangsvollmacht (Tz. 1.7)

169 ☐ Aufstellung über Betriebsstätten (Tz. 2.3)

170 ☐ Verträge bei Übernahme bzw. Umwandlung (Tz. 2.5)

171 ☐ Weitere organschaftliche Verbindungen (Tz. 7.4)

172 ☐ Gesellschaftsvertrag (Tz. 8)

173 ☐

Finanzamt

2016FsEEU018NET

2018

Anlage EÜR

Bitte für jeden Betrieb eine gesonderte Anlage EÜR übermitteln!

1 Name des Steuerpflichtigen bzw. der Gesellschaft/Gemeinschaft/Körperschaft

2 Vorname

3 **(Betriebs-)Steuernummer** | 77 | 18 | 1 |

| 99 | 15 |

Einnahmenüberschussrechnung

nach § 4 Abs. 3 EStG für das Kalenderjahr 2018

4 **davon abweichend** Beginn 131 2018 Ende 132

Zeile		Kz	
5	Art des Betriebs	100	
6	Rechtsform des Betriebs		
7	Einkunftsart	103	Land- und Forstwirtschaft = 1, Gewerbebetrieb = 2, Selbständige Arbeit = 3
8	Betriebsinhaber	104	Stpfl./Ehemann/Person A (Ehegatte A/Lebenspartner[in] A)/Gesellschaft/Körperschaft = 1, Ehefrau/Person B (Ehegatte B/Lebenspartner[in] B) = 2, Beide Ehegatten/Lebenspartner[innen] = 3
9	Wurde im Kalenderjahr/Wirtschaftsjahr der Betrieb veräußert oder aufgegeben? (Bitte Zeile 78 beachten)	111	Ja = 1
10	Wurden im Kalenderjahr/Wirtschaftsjahr Grundstücke/grundstücksgleiche Rechte entnommen oder veräußert?	120	Ja = 1 oder Nein = 2

1. Gewinnermittlung

| 99 | 20 |

Betriebseinnahmen

Zeile		Kz	EUR	Ct
11	Betriebseinnahmen als umsatzsteuerlicher **Kleinunternehmer** (nach § 19 Abs. 1 UStG)	111		
12	davon nicht steuerbare Umsätze sowie Umsätze nach § 19 Abs. 3 Satz 1 Nr. 1 und 2 UStG — 119		*(weiter ab Zeile 17)*	
13	Betriebseinnahmen als **Land- und Forstwirt,** soweit die Durchschnittssatzbesteuerung nach § 24 UStG angewandt wird	104		
14	Umsatzsteuerpflichtige Betriebseinnahmen	112		
15	Umsatzsteuerfreie, nicht umsatzsteuerbare Betriebseinnahmen sowie Betriebseinnahmen, für die der Leistungsempfänger die Umsatzsteuer nach § 13b UStG schuldet	103		
16	Vereinnahmte Umsatzsteuer sowie Umsatzsteuer auf unentgeltliche Wertabgaben	140		
17	Vom Finanzamt erstattete und ggf. verrechnete Umsatzsteuer (Die Regelung zum 10-Tageszeitraum nach § 11 Abs. 1 Satz 2 EStG ist zu beachten.)	141		
18	Veräußerung oder Entnahme von Anlagevermögen	102		
19	Private Kfz-Nutzung	106		
20	Sonstige Sach-, Nutzungs- und Leistungsentnahmen	108		
21	Auflösung von Rücklagen und Ausgleichsposten (Übertrag aus Zeile 90)			
22	**Summe Betriebseinnahmen** (Übertrag in Zeile 71)	159		

| 99 | 25 |

Betriebsausgaben

Zeile		Kz	EUR	Ct
23	Betriebsausgabenpauschale **für bestimmte Berufsgruppen** und/oder Freibetrag nach § 3 Nr. 26, 26a und/oder 26b EStG	190		
24	Sachlicher Bebauungskostenrichtbetrag und Ausbaukostenrichtbeträge für **Weinbaubetriebe**/Betriebsausgabenpauschale für **Forstwirte**	191		
25	Waren, Rohstoffe und Hilfsstoffe einschl. der Nebenkosten	100		
26	Bezogene Fremdleistungen	110		
27	Ausgaben für eigenes Personal (z. B. Gehälter, Löhne und Versicherungsbeiträge)	120		
	Absetzung für Abnutzung (AfA)			
28	AfA auf unbewegliche Wirtschaftsgüter (Übertrag aus Zeile 6 der Anlage AVEÜR)	136		
29	AfA auf immaterielle Wirtschaftsgüter (Übertrag aus Zeile 9 der Anlage AVEÜR)	131		
30	AfA auf bewegliche Wirtschaftsgüter (Übertrag aus Zeile 13 der Anlage AVEÜR)	130		
	Übertrag (Summe Zeilen 23 bis 30)			

(Betriebs-)Steuernummer

Zeile		Kz. nicht abziehbar	nicht abziehbar EUR Ct	Kz.	EUR Ct
	Übertrag (Summe Zeilen 23 bis 30)				
31	Sonderabschreibungen nach § 7g Abs. 5 und 6 EStG (Übertrag aus Zeile 13 der Anlage AVEÜR)			134	
32	Herabsetzungsbeträge nach § 7g Abs. 2 Satz 2 EStG (Erläuterungen auf gesondertem Blatt)			138	
33	Aufwendungen für geringwertige Wirtschaftsgüter nach § 6 Abs. 2 EStG			132	
34	Auflösung Sammelposten nach § 6 Abs. 2a EStG (Übertrag aus Zeile 19 der Anlage AVEÜR)			137	
35	Restbuchwert der ausgeschiedenen Anlagegüter (Übertrag der Summe der Einzelbeträge aus Spalte „Abgänge“ der Anlage AVEÜR ohne Zeile 22)			135	
	Raumkosten und sonstige Grundstücksaufwendungen (ohne häusliches Arbeitszimmer)				
36	Miete/Pacht für Geschäftsräume und betrieblich genutzte Grundstücke			150	
37	Aufwendungen für doppelte Haushaltsführung (z. B. Miete)			152	
38	Sonstige Aufwendungen für betrieblich genutzte Grundstücke (ohne Schuldzinsen und AfA)			151	
	Sonstige unbeschränkt abziehbare Betriebsausgaben				
39	Aufwendungen für Telekommunikation (z. B. Telefon, Internet)			280	
40	Übernachtungs- und Reisenebenkosten bei Geschäftsreisen des Steuerpflichtigen			221	
41	Fortbildungskosten (ohne Reisekosten)			281	
42	Kosten für Rechts- und Steuerberatung, Buchführung			194	
43	Miete/Leasing für bewegliche Wirtschaftsgüter (ohne Kraftfahrzeuge)			222	
44	Beiträge, Gebühren, Abgaben und Versicherungen (ohne solche für Gebäude und Kraftfahrzeuge)			223	
45	Werbekosten (z. B. Inserate, Werbespots, Plakate)			224	
46	Schuldzinsen zur Finanzierung von Anschaffungs- und Herstellungskosten von Wirtschaftsgütern des Anlagevermögens (ohne häusliches Arbeitszimmer)			232	
47	Übrige Schuldzinsen			234	
48	Gezahlte Vorsteuerbeträge			185	
49	An das Finanzamt gezahlte und ggf. verrechnete Umsatzsteuer (Die Regelung zum 10-Tageszeitraum nach § 11 Abs. 2 Satz 2 EStG ist zu beachten.)			186	
50	Rücklagen, stille Reserven und/oder Ausgleichsposten (Übertrag aus Zeile 90)				
51	Übrige unbeschränkt abziehbare Betriebsausgaben			183	
	Beschränkt abziehbare Betriebsausgaben und Gewerbesteuer		nicht abziehbar EUR Ct		abziehbar EUR Ct
52	Geschenke	164		174	
53	Bewirtungsaufwendungen	165		175	
54	Verpflegungsmehraufwendungen			171	
55	Aufwendungen für ein häusliches Arbeitszimmer (einschl. AfA und Schuldzinsen)	162		172	
56	Sonstige beschränkt abziehbare Betriebsausgaben	168		177	
57	Gewerbesteuer	217		218	
	Kraftfahrzeugkosten und andere Fahrtkosten				
58	Leasingkosten			144	
59	Steuern, Versicherungen und Maut			145	
60	Sonstige tatsächliche Fahrtkosten ohne AfA und Zinsen (z. B. Reparaturen, Wartungen, Treibstoff, Kosten für Flugstrecken, Kosten für öffentliche Verkehrsmittel)			146	
61	Fahrtkosten für nicht zum Betriebsvermögen gehörende Fahrzeuge (Nutzungseinlage)			147	
62	Fahrtkosten für Wege zwischen Wohnung und erster Betriebsstätte; Familienheimfahrten (pauschaliert oder tatsächlich)			142 –	
63	Mindestens abziehbare Fahrtkosten für Wege zwischen Wohnung und erster Betriebsstätte (Entfernungspauschale); Familienheimfahrten			176 +	
64	Nicht abziehbare Beträge (Beispiele siehe Anleitung)			139 –	
65	**Summe Betriebsausgaben** (Übertrag in Zeile 72)			199	

(Betriebs-)Steuernummer

Ermittlung des Gewinns

Zeile		Kennzahl		EUR	Ct
71	Summe der Betriebseinnahmen (Übertrag aus Zeile 22)				
72	abzüglich Summe der Betriebsausgaben (Übertrag aus Zeile 65)		–		
	zuzüglich				
73	– Hinzurechnung der Investitionsabzugsbeträge nach § 7g Abs. 2 Satz 1 EStG aus 2015 (Erläuterungen auf gesondertem Blatt)	180	+		
74	– Hinzurechnung der Investitionsabzugsbeträge nach § 7g Abs. 2 Satz 1 EStG aus 2016 (Erläuterungen auf gesondertem Blatt)	181	+		
75	– Hinzurechnung der Investitionsabzugsbeträge nach § 7g Abs. 2 Satz 1 EStG aus 2017 (Erläuterungen auf gesondertem Blatt)	182	+		
76	– Gewinnzuschlag nach § 6c i. V. m. § 6b Abs. 7 und 10 EStG	123	+		
	abzüglich				
77	– Investitionsabzugsbeträge nach § 7g Abs. 1 EStG	187	–		
78	Hinzurechnungen und Abrechnungen bei Wechsel der Gewinnermittlungsart (Erläuterungen auf gesondertem Blatt)	250			
79	Ergebnisanteile aus Beteiligungen an Personengesellschaften (auch Kostenträgergemeinschaften)	255			
80	Korrigierter Gewinn/Verlust	290			

Zeile		Kennzahl	Gesamtbetrag	Kennzahl	Korrekturbetrag
81	Bereits berücksichtigte Beträge, für die das InvStG gilt (Erläuterungen auf gesondertem Blatt)	263		264	
82	Bereits berücksichtigte Beträge, für die das Teileinkünfteverfahren bzw. § 8b KStG gilt	261		262	

Zeile		Kennzahl		EUR	Ct
83	Steuerpflichtiger Gewinn/Verlust vor Anwendung des § 4 Abs. 4a EStG	293			
84	Hinzurechnungsbetrag nach § 4 Abs. 4a EStG	271	+		
85	**Steuerpflichtiger Gewinn/Verlust**	219			

Nur bei Personengesellschaften/gesonderten Feststellungen:

86 Anzusetzender steuerpflichtiger Gewinn/Verlust nach Anwendung des § 4 Abs. 4a EStG ohne Berücksichtigung des InvStG, des Teileinkünfteverfahrens bzw. § 8b KStG (Betrag lt. Zeile 80 zuzüglich Betrag lt. Zeile 84)

(zu erfassen in den Zeilen 4, 5 und/oder 7 der Anlage FE 1 bzw. in Zeile 4 der Anlage FG)

2. Ergänzende Angaben

99 | 27

Rücklagen und stille Reserven
(Erläuterungen auf gesondertem Blatt)

Zeile		Kennzahl	Bildung/Übertragung EUR	Ct	Kennzahl	Auflösung EUR	Ct
87	Rücklagen nach § 6c i. V. m. § 6b EStG, R 6.6 EStR	187			120		
88	Übertragung von stillen Reserven nach § 6c i. V. m. § 6b EStG, R 6.6 EStR	170					
89	Ausgleichsposten nach § 4g EStG	191			125		
90	Gesamtsumme	190			124		
			(Übertrag in Zeile 50)			*(Übertrag in Zeile 21)*	

3. Zusätzliche Angaben bei Einzelunternehmen

99 | 29

Entnahmen und Einlagen i. S. d. § 4 Abs. 4a EStG

Zeile		Kennzahl	EUR	Ct
91	Entnahmen einschl. Sach-, Leistungs- und Nutzungsentnahmen	122		
92	Einlagen einschl. Sach-, Leistungs- und Nutzungseinlagen	123		

2018AnlAVEÜR811

Name des Steuerpflichtigen bzw. der Gesellschaft/Gemeinschaft/Körperschaft

Anlage AVEÜR 2018

Anlageverzeichnis/Ausweis des Umlaufvermögens[1] zur Anlage EÜR

77	18	1
	99	40

1

2 (Betriebs-)Steuernummer

Zeile	Gruppe/ Bezeichnung des Wirtschaftsguts	Anschaffungs-/ Herstellungskosten/ Einlagewert EUR | Ct	Buchwert zu Beginn des Gewinnermittlungszeitraums EUR | Ct	Zugänge EUR | Ct	Sonderabschreibung nach § 7g Abs. 5 und 6 EStG EUR | Ct	AfA/ Auflösungsbetrag EUR | Ct	Abgänge (insgesamt Übertrag in Zeile 35 der Anlage EÜR)[3] EUR | Ct	Buchwert am Ende des Gewinnermittlungszeitraums EUR | Ct
	Grundstücke und grundstücksgleiche Rechte							
3	Grund und Boden	100	101	102			105	106
4	Gebäude	110	111	112		114	115	116
5	Andere (z. B. grundstücksgleiche Rechte)	120	121	122		124	125	126
6	Summe					190 *(Übertrag in Zeile 26 der Anlage EÜR)*		
	Häusliches Arbeitszimmer							
7	Anteil Grund und Boden	200	201	202			205	206
8	Gebäudeteil	210	211	212		214 *(zu erfassen in Zeile 55 der Anlage EÜR)*	215	216
9	**Immaterielle Wirtschaftsgüter** (z. B. erworbene Firmen-, Geschäfts- oder Praxiswerte)	320	321	322		324 *(Übertrag in Zeile 29 der Anlage EÜR)*	325	326
	Bewegliche Wirtschaftsgüter (ohne GWG)							
10	Kraftfahrzeuge	400	401	402	403	404	405	406
11	Büroausstattung	410	411	412	413	414	415	416
12	Andere	420	421	422	423	424	425	426
13	Summe				480 *(Übertrag in Zeile 31 der Anlage EÜR)*	490 *(Übertrag in Zeile 30 der Anlage EÜR)*		
14	**Sammelposten 2018**			432		434		436
15	**Sammelposten 2017**	440	441			444		446
16	**Sammelposten 2016**	450	451			454		456
17	**Sammelposten 2015**	460	461			464		466
18	**Sammelposten 2014**	470	471			474		
19	Summe					499 *(Übertrag in Zeile 34 der Anlage EÜR)*		
	Finanzanlagen							
20	Anteile an Unternehmen etc. [2]	500	501	502			505	506
21	Andere	510	511	512			515	516
22	**Umlaufvermögen** [1]	600		602			605 *(zu erfassen in Zeile 25 der Anlage EÜR)*	606

1) nur Umlaufvermögen i. S. d. § 4 Abs. 3 Satz 4 EStG (z. B. Wertpapiere, Grund und Boden sowie Gebäude) bzw. § 32b Abs. 2 Satz 1 Nr. 2 Satz 2 Buchstabe c EStG

2) für deren Erträge das Teileinkünfteverfahren bzw. § 8b KStG gilt

3) Summe der Einzelbeträge ohne Betrag aus Zeile 22

2018AnlAVEÜR811

- Bitte weiße Felder ausfüllen oder ☒ ankreuzen, Anleitung beachten -

2019

Fallart	Steuernummer	Unterfallart
11		56

Finanzamt

Unternehmer – ggf. abweichende Firmenbezeichnung – Anschrift – Telefon – E-Mail-Adresse

30 Eingangsstempel oder -datum

Umsatzsteuer-Voranmeldung 2019

Voranmeldungszeitraum

bei **monatlicher** Abgabe bitte ankreuzen

19 01	Jan.		19 07	Juli	
19 02	Feb.		19 08	Aug.	
19 03	März		19 09	Sept.	
19 04	April		19 10	Okt.	
19 05	Mai		19 11	Nov.	
19 06	Juni		19 12	Dez.	

bei **vierteljährlicher** Abgabe bitte ankreuzen

19 41	I. Kalendervierteljahr	
19 42	II. Kalendervierteljahr	
19 43	III. Kalendervierteljahr	
19 44	IV. Kalendervierteljahr	

Berichtigte Anmeldung (falls ja, bitte eine „1" eintragen) 10

Belege (Verträge, Rechnungen usw.) sind beigefügt bzw. werden gesondert eingereicht (falls ja, bitte eine „1" eintragen) 22

I. Anmeldung der Umsatzsteuer-Vorauszahlung

	Kz	Bemessungsgrundlage ohne Umsatzsteuer volle EUR	Ct	Kz	Steuer EUR	Ct
Lieferungen und sonstige Leistungen (einschließlich unentgeltlicher Wertabgaben)						
Steuerfreie Umsätze mit Vorsteuerabzug						
Innergemeinschaftliche Lieferungen (§ 4 Nr. 1 Buchst. b UStG) an Abnehmer **mit** USt-IdNr.	41		–			
neuer Fahrzeuge an Abnehmer **ohne** USt-IdNr.	44		–			
neuer Fahrzeuge außerhalb eines Unternehmens (§ 2a UStG)	49		–			
Weitere steuerfreie Umsätze mit Vorsteuerabzug (z.B. **Ausfuhrlieferungen**, Umsätze nach § 4 Nr. 2 bis 7 UStG)	43		–			
Steuerfreie Umsätze ohne Vorsteuerabzug (z.B. Umsätze nach § 4 Nr. 8 bis 28 UStG)	48		–			
Steuerpflichtige Umsätze (Lieferungen und sonstige Leistungen einschl. unentgeltlicher Wertabgaben)						
zum Steuersatz von 19 %	81		–			
zum Steuersatz von 7 %	86		–			
zu anderen Steuersätzen	35		–	36		
Lieferungen land- und forstwirtschaftlicher Betriebe nach § 24 UStG an Abnehmer **mit** USt-IdNr.	77		–			
Umsätze, für die eine Steuer nach § 24 UStG zu entrichten ist (Sägewerkserzeugnisse, Getränke und alkohol. Flüssigkeiten, z.B. Wein)	76		–	80		
Innergemeinschaftliche Erwerbe						
Steuerfreie innergemeinschaftliche Erwerbe Erwerbe nach §§ 4b und 25c UStG	91		–			
Steuerpflichtige innergemeinschaftliche Erwerbe zum Steuersatz von 19 %	89		–			
zum Steuersatz von 7 %	93		–			
zu anderen Steuersätzen	95		–	98		
neuer Fahrzeuge (§ 1b Abs. 2 und 3 UStG) von Lieferern **ohne** USt-IdNr. zum allgemeinen Steuersatz	94		–	96		
Ergänzende Angaben zu Umsätzen						
Lieferungen des ersten Abnehmers bei **innergemeinschaftlichen Dreiecksgeschäften** (§ 25b UStG)	42		–			
Steuerpflichtige Umsätze, für die der **Leistungsempfänger** die **Steuer nach § 13b Abs. 5 UStG schuldet**	60		–			
Nicht steuerbare sonstige Leistungen gem. § 18b Satz 1 Nr. 2 UStG	21		–			
Übrige nicht steuerbare Umsätze (Leistungsort nicht im Inland)	45		–			
Übertrag .... zu übertragen in Zeile 45						

Steuernummer:

					Steuer EUR	Ct
Übertrag						
Leistungsempfänger als Steuerschuldner (§ 13b UStG)		Bemessungsgrundlage ohne Umsatzsteuer volle EUR	Ct			
Steuerpflichtige sonstige Leistungen eines im übrigen Gemeinschaftsgebiet ansässigen Unternehmers (§ 13b Abs. 1 UStG)	46		—	47		
Umsätze, die unter das GrEStG fallen (§ 13b Abs. 2 Nr. 3 UStG)	73		—	74		
Andere Leistungen (§ 13b Abs. 2 Nr. 1, 2, 4 bis 11 UStG)	84		—	85		
Umsatzsteuer						
Abziehbare Vorsteuerbeträge						
Vorsteuerbeträge aus Rechnungen von anderen Unternehmern (§ 15 Abs. 1 Satz 1 Nr. 1 UStG), aus Leistungen im Sinne des § 13a Abs. 1 Nr. 6 UStG (§ 15 Abs. 1 Satz 1 Nr. 5 UStG) und aus innergemeinschaftlichen Dreiecksgeschäften (§ 25b Abs. 5 UStG)				66		
Vorsteuerbeträge aus dem innergemeinschaftlichen Erwerb von Gegenständen (§ 15 Abs. 1 Satz 1 Nr. 3 UStG)				61		
Entstandene Einfuhrumsatzsteuer (§ 15 Abs. 1 Satz 1 Nr. 2 UStG)				62		
Vorsteuerbeträge aus Leistungen im Sinne des § 13b UStG (§ 15 Abs. 1 Satz 1 Nr. 4 UStG)				67		
Vorsteuerbeträge, die nach allgemeinen Durchschnittssätzen berechnet sind (§§ 23 und 23a UStG)				63		
Berichtigung des Vorsteuerabzugs (§ 15a UStG)				64		
Vorsteuerabzug für innergemeinschaftliche Lieferungen neuer Fahrzeuge außerhalb eines Unternehmens (§ 2a UStG) sowie von Kleinunternehmern im Sinne des § 19 Abs. 1 UStG (§ 15 Abs. 4a UStG)				59		
Verbleibender Betrag						
Andere Steuerbeträge						
Steuer infolge Wechsels der Besteuerungsform sowie Nachsteuer auf versteuerte Anzahlungen u. ä. wegen Steuersatzänderung				65		
In Rechnungen unrichtig oder unberechtigt ausgewiesene Steuerbeträge (§ 14c UStG) sowie Steuerbeträge, die nach § 6a Abs. 4 Satz 2, § 17 Abs. 1 Satz 6, § 25b Abs. 2 UStG oder von einem Auslagerer oder Lagerhalter nach § 13a Abs. 1 Nr. 6 UStG geschuldet werden				69		
Umsatzsteuer-Vorauszahlung/Überschuss						
Abzug der festgesetzten **Sondervorauszahlung** für Dauerfristverlängerung (in der Regel nur in der letzten Voranmeldung des Besteuerungszeitraums auszufüllen)				39		
Verbleibende Umsatzsteuer-Vorauszahlung (bitte in jedem Fall ausfüllen) **Verbleibender Überschuss** - bitte dem Betrag ein Minuszeichen voranstellen -				83		

II. Sonstige Angaben und Unterschrift

Ein Erstattungsbetrag wird auf das dem Finanzamt benannte Konto überwiesen, soweit der Betrag nicht mit Steuerschulden verrechnet wird. **Verrechnung des Erstattungsbetrags erwünscht / Erstattungsbetrag ist abgetreten** (falls ja, bitte eine „1" eintragen) **29**

Geben Sie bitte die Verrechnungswünsche auf einem gesonderten Blatt an oder auf dem beim Finanzamt erhältlichen Vordruck „Verrechnungsantrag".

Das **SEPA-Lastschriftmandat** wird ausnahmsweise (z.B. wegen Verrechnungswünschen) für diesen Voranmeldungszeitraum **widerrufen** (falls ja, bitte eine „1" eintragen) **26**

Ein ggf. verbleibender Restbetrag ist gesondert zu entrichten.

Über die Angaben in der Steueranmeldung hinaus sind weitere oder abweichende Angaben oder Sachverhalte zu berücksichtigen (falls ja, bitte eine „1" eintragen) **23**

Geben Sie bitte diese auf einem gesonderten Blatt an, welches mit der Überschrift **„Ergänzende Angaben zur Steueranmeldung"** zu kennzeichnen ist.

Datenschutzhinweis:
Die mit der Steueranmeldung angeforderten Daten werden auf Grund der §§ 149, 150 AO und der §§ 18, 18b UStG erhoben. Die Angabe der Telefonnummern und der E-Mail-Adressen ist freiwillig. Informationen über die Verarbeitung personenbezogener Daten in der Steuerverwaltung und über Ihre Rechte nach der Datenschutz-Grundverordnung sowie über Ihre Ansprechpartner in Datenschutzfragen entnehmen Sie bitte dem allgemeinen Informationsschreiben der Finanzverwaltung. Dieses Informationsschreiben finden Sie unter www.finanzamt.de (unter der Rubrik „Datenschutz") oder erhalten Sie bei Ihrem Finanzamt.

Bei der Anfertigung dieser Steueranmeldung hat mitgewirkt:
(Name, Anschrift, Telefon, E-Mail-Adresse)

Datum, Unterschrift

- nur vom Finanzamt auszufüllen -

11		19	
		12	

Bearbeitungshinweis

1. Die aufgeführten Daten sind mit Hilfe des geprüften und genehmigten Programms sowie ggf. unter Berücksichtigung der gespeicherten Daten maschinell zu verarbeiten.
2. Die weitere Bearbeitung richtet sich nach den Ergebnissen der maschinellen Verarbeitung.

Datum, Namenszeichen

Kontrollzahl und/oder Datenerfassungsvermerk

Kassenbericht vom 19.05.

Kassenendbestand lt. Kassensturz			700 €
Kassenanfangsbestand		./.	250 €
Zwischensumme		=	450 €
Betriebliche Ausgaben	(Belege beigefügt) Nr. 34	+	100 €
Privatentnahmen	(Belege beigefügt) Nr. 35	+	250 €
Privateinlagen		./.	€
Einzahlung auf die Bank		+	€
Einzahlung von der Bank		./.	€
Tageseinnahmen		=	800 €

Kassensturz / Zählprotokoll:

Einheit (Schein / Münze)	Anzahl	Betrag in €
100 €	3	300,00 €
50 €	3	150,00 €
20 €	5	100,00 €
10 €	5	50,00 €
5 €	10	50,00 €
2 €	20	40,00 €
1 €	8	8,00 €
0,50 €	2	1,00 €
0,20 €	2	0,40 €
0,10 €	4	0,40 €
0,05 €	2	0,10 €
0,02 €	4	0,08 €
0,01 €	2	0,02 €
Summe / Kassenendbestand		**700,00 €**

Unterschrift

Findex

Die Macher

Der Autor

Diplom-Kaufmann Andreas Görlich ist Steuerberater, Gründungsberater und Dozent für Existenzgründerseminare mit einer ambitionierten Mission: die vermeintlich komplizierte und staubtrockene Welt der Buchungssätze und Steuerparagrafen auf eine erfrischende Art dem „steuerlichen Laien“ verständlich zu vermitteln. Im Rahmen seiner Beratungs- und Dozententätigkeit hat er bereits mehr als 500 Existenzgründer auf dem Weg in die Selbstständigkeit begleitet. In Deutschland ist er der erste Steuerberater, der die hochschulgeprüfte Weiterbildung zum zertifizierten Gründungsberater nach dem Bundesqualitätszirkel für Gründungsberatung e. V. erfolgreich absolvierte.

Die Wirtschaftszeitung **Handelsblatt** hat Steuerberater Andreas Görlich mit dem Siegel „Beste Steuerberater 2019“ in der Branche „Gastronomie“ ausgezeichnet. In der Handelsblatt-Spezialausgabe „Deutschlands beste Steuerberater 2019“ vom 11.04.2019 veröffentlicht – im Test waren 4.129 Steuerberater.

Der Illustrator

„Eine Illustration sagt oft mehr aus als tausend Worte.“ Tony Wolf ist die kreative Feder dieses Ratgebers. Er ist Diplom-Designer mit eigenem Büro für Gestaltung im schönen Odenwald. Seine Philosophie: „Es interessiert mich, die Dinge auf den Kopf zu stellen und so auf neue Realitäten zu stoßen.“

Erleben Sie „Steuern, aber lustig“ live!

Das Live-Seminar zum Buch und genauso fachkompetent – frei von Juristendeutsch – unterhaltsam statt bierernst

Informieren Sie sich unter **www.steuern-aber-lustig.de**

Jetzt fan werden!

Auf **www.facebook.com/SteuernAberLustig**

Printed in Poland
by Amazon Fulfillment
Poland Sp. z o.o., Wrocław

42875160R00154